UNIVERSITÉ DE FRANCE. — ACADÉMIE DE TOULOUSE.

DE LA

PLAINTE D'INOFFICIOSITÉ

EN MATIÈRE DE TESTAMENT, DE DONATION ET DE DOT

EN DROIT ROMAIN.

DE L'INSTITUTION CONTRACTUELLE

DANS L'ANCIEN DROIT

ET DES DONATIONS FAITES AUX FUTURS ÉPOUX PAR CONTRAT DE MARIAGE

EN DROIT FRANÇAIS.

THÈSE

Présentée à la Faculté de Droit de Toulouse

POUR OBTENIR LE GRADE DE DOCTEUR

Et soutenue le   août 1868, à 9 h, du matin

DANS LA SALLE DES ACTES PUBLICS DE LA FACULTÉ,

Par Léon BULIT

Né à Cahors (Lot) le 10 janvier 1845

Avocat près la Cour impériale.

TOULOUSE,

IMPRIMERIE CH. DOULADOURE,

ROUGET FRÈRES ET DELAHAUT, SUCCESSEURS,

Rue Saint-Rome, 39.

1868.

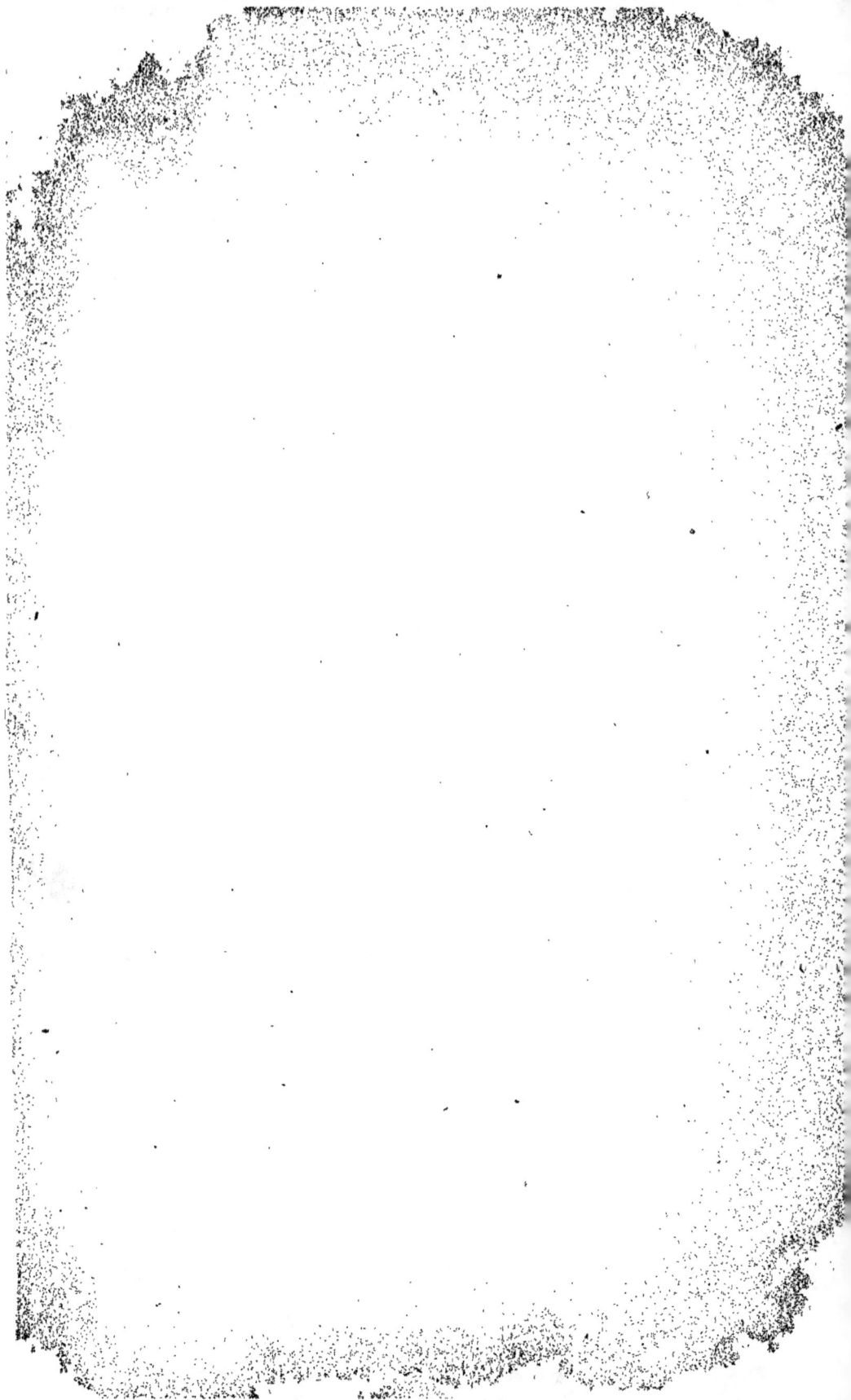

UNIVERSITÉ DE FRANCE. — ACADÉMIE DE TOULOUSE.

DE LA
PLAINTE D'INOFFICIOSITÉ
EN MATIÈRE DE TESTAMENT, DE DONATION ET DE DOT
EN DROIT ROMAIN.

DE L'INSTITUTION CONTRACTUELLE
DANS L'ANCIEN DROIT
ET DES DONATIONS FAITES AUX FUTURS ÉPOUX PAR CONTRAT DE MARIAGE
EN DROIT FRANÇAIS.

THÈSE
Présentée à la Faculté de Droit de Toulouse

POUR OBTENIR LE GRADE DE DOCTEUR
Et soutenue le   août 1868, à 9 h. du matin

DANS LA SALLE DES ACTES PUBLICS DE LA FACULTÉ.

Par Léon BULIT
Né à Cahors (Lot) le 19 janvier 1845
Avocat près la Cour impériale.

TOULOUSE,
IMPRIMERIE DOULADOURE;
ROUGET FRÈRES ET DELAHAUT, SUCCESSEURS,
39, rue Saint-Rome, 39.

1868.

ERRATA.

Page 104, ligne 12, *au lieu de* et que je fasse rescinder le contrat, *il faut lire* et que je fasse prononcer l'incapacité de Paul.

Même page, ligne 15, *au lieu de* Paul, *il faut lire* vous.

PREMIÈRE PARTIE.

DROIT ROMAIN.

DE LA PLAINTE D'INOFFICIOSITÉ EN MATIÈRE DE TESTAMENT, DE DONATION ET DE DOT.

INTRODUCTION.

> « Si ce grand homme a erré, que ne dois-je
> » pas craindre? »
>
> (MONTESQUIEU, *Esprit des Lois*,
> livre xxx, chap. xxv).

LORSQUE l'étude du droit a fleuri chez un peuple, comme à Rome, ses institutions juridiques ont du nécessairement se transformer : qu'est-ce le droit, en effet, si ce n'est le respect et le développement du principe de liberté? cette liberté, sage, réfléchie, qui tient compte des besoins de la société (1) et est remplie de sollicitude pour la famille?

---

(1) Aussi un professeur éloquent, M. Lherminier, a-t-il pu dire avec raison « le droit est la réalité même ; il est la charpente de l'histoire ; » il enveloppe dans son cercle la religion, l'industrie, l'art, la philo-» sophie; car c'est par la liberté nécessaire que l'humanité peut vaquer » à ses idées et à ses désirs : *In eo vivimus movemus et sumus.* Le droit, » c'est la vie. » (Philosophie du droit, t. ii, pag. 287.)

1

Comment pourrait progresser une nation, si la liberté n'existait dans son sein? Aussi le droit fait-il, chaque jour, de nouveaux progrès parce que la liberté a besoin d'en faire et ne peut rester stationnaire. Oui, elles sont belles ces institutions juridiques romaines : quand on les prend à leur naissance, qu'on les suit dans leurs transformations, on est rempli d'admiration pour les jurisconsultes romains : on comprend alors l'utilité, la nécessité de l'étude du Droit romain pour tout homme qui veut devenir jurisconsulte : on conçoit que bien que toute institution juridique soit un principe nécessaire et que tout principe est la vérité, il faut souvent remonter au Droit romain pour comprendre comment une institution va naître, se développer et grandir : on peut appliquer au Droit, ce que le plus grand philosophe de l'antiquité, Aristote, disait de la philosophie : « Celui-là connaîtra parfaitement la nature » des choses qui les aura observées dans leur principe, » dans leur origine, dans leur naissance. »

Parmi les institutions du Droit romain, il n'en est pas qui nous offre, sous tous les rapports, de sujet plus digne d'étude que *la plainte d'inofficiosité*, qui limite la liberté de tester dans l'intérêt de la famille.

L'histoire nous montre d'abord, à Rome, le père de famille armé du pouvoir le plus absolu, obligé ensuite de porter dans son testament un jugement sur ses enfants s'il ne voulait leur laisser aucune partie de sa fortune; elle nous montre son autorité déjà bien diminuée par la nécessité de l'exhérédation, s'affaiblir de plus en plus par la prohibition de pouvoir déshériter les enfants qui n'ont pas démérité de lui; enfin, nous verrons de cette prohibition sortir une belle institution engendrée par la liberté, qu'on appelle *légitime*, réglée dans les Novelles et que le Code Napoléon a établie pour certaines personnes.

Nous choisissons pour sujet de notre Thèse la plainte d'inofficiosité qui est l'action ouverte au légitimaire pour réclamer sa part dans l'hérédité *ab intestat*, quand le testateur l'a injustement exhérédé et a institué pour héritier une autre personne que lui ; et, nous établissons, comme suit, la division de cette étude.

Chapitre I.   Origine de la *querela inofficiosi testamenti* ;
Chapitre II.   Sa nature ;
Chapitre III.   Conditions de l'action ;
Chapitre IV.   Comment elle se perd ;
Chapitre V.   Ses effets ;
Chapitre VI.   Droit des Novelles ;
Chapitre VII.   Des donations inofficieuses ;
Chapitre VIII.   Des dots inofficieuses.

CHAPITRE I.

ORIGINE DE LA *QUERELA INOFFICIOSI TESTAMENTI.*

> « Cette pleine puissance de tester de tous et uns
> » chacuns ses biens, semblerait peust-être de prisme ren-
> » contre farousche, au préjudice de ses enfants; toutefois
> » qui considérera les premiers fondements sur lesquels
> » cette république fut bâtie, il ne le trouvera estrange,
> » parce que du commencement les pères avaient toute
> » puissance de vie et de mort sur leurs enfants: partant,
> » ce n'était point chose estrange de pouvoir frustrer leurs
> » enfants de tous biens qui était beaucoup moins que
> » leur vie. »
> (Inst. de Just., par Etienne PASQUIER , édition publiée
> par M. Ch. GIRAUD, p. 412.)

LE testament fut connu d'assez bonne heure (1) chez le peuple romain ; tout citoyen tenait à honneur de mourir en laissant un testament; et, le plus mauvais souhait qu'on pût adresser à son ennemi, était celui de mourir *ab intestat.*

(1) Il a pu exister une époque, sous la royauté, où le testament n'était pas admis, peut-être à cause de la copropriété de la famille et de l'affectation des biens aux *sacra*, tant de la famille que de la curie ; c'est ce que semble indiquer la nécessité postérieure d'une *loi curiate* pour autoriser le testament. — On sait d'ailleurs que chez les Indous, les Grecs et les Germains, tous peuples d'origine Arienne, comme les Romains, le testament n'était pas admis primitivement. (Voir sur les *Aryas*, deux ouvrages du plus grand mérite. — *Origines Indo-Euro-péennes*, ou les Aryas primitifs, Essais de paléontologie linguistique, par Adolphe Pictet, 2 vol. 1859-1863 et les Mélanges d'histoire reli-gieuse, par Ed. Scherer, 1865.)

C'est ainsi que Plaute, dans Curculio, nous montre Phaëdrome disant au Curculion :

Jupiter te malè perdat, intestatus vivito (1).

Tout père de famille avait reçu de la loi des Douze Tables, la liberté la plus complète relativement à son testament : aucune restriction n'avait été établie, aucune garantie n'était assurée aux enfants qui avaient très-souvent contribué à augmenter la fortune de leur père contre le dépouillement absolu que pouvait prononcer contre eux leur père testateur. Cette liberté du père de famille offrait un côté économique regrettable : en effet, le fils déshérité, qui avait augmenté la fortune du père, devait perdre tout amour pour le travail ; l'amour de la famille devait, sans aucun doute, s'affaiblir : l'affection que le père doit avoir pour son fils devait, bien souvent, se changer en cette autorité omnipotente et absolue que tout parent, s'il veut être aimé de ses enfants, doit repousser loin de lui.

L'on comprend qu'il fallait apporter certaines restrictions à cette liberté : le père pouvait, ai-je dit, ne rien laisser à son fils et tout donner à un étranger ; tout d'abord, on ne voulait pas faire un changement trop subit : on pensa qu'il suffisait d'imposer au père de famille l'obligation de porter un jugement sur son fils, lors de la confection de son testament : on partit de ce principe que le père n'était pas seul propriétaire des biens qu'il possédait : on mit le père testateur dans la nécessité de montrer qu'il avait le courage de son opinion : on pensait, en effet, que l'homme, avant de prendre la détermination de ne rien laisser à ses enfants, réfléchirait, et qu'avant de coucher sur son testament un étranger, son affection lui ferait jeter un regard sur ses enfants et qu'il ne les

(1) Comédies de Plaute, le Curculion, acte v, scène ii.

déshériterait pas. Le père de famille devait donc instituer ou exhéréder formellement ses enfants, sous peine de nullité de ses dispositions testamentaires (*Ulpiani Reg.*, titre XXII, Gaii. Inst. comment II, § 123 *ab initio*). Mais cette obligation de l'exhérédation n'eut pas, sans doute, les effets qu'on pensait lui voir produire, car l'homme qui se sent armé d'une autorité absolue et qui veut, à tout prix, tester en faveur d'une personne de son choix, n'était nullement arrêté par cette prohibition indirecte dont l'infraction n'emportait aucune sanction : les enfants continuèrent à être privés souvent de toute portion de l'hérédité paternelle qui passa ainsi aux étrangers.

Cette nécessité d'une exhérédation formelle faisait réfléchir le père testateur aux devoirs que lui imposait sa qualité (*officia*) : lorsqu'il avait exhérédé injustement ses enfants, on prétendit qu'il ne devait pas être sain d'esprit; on supposa qu'il était sous l'empire de la folie ou de la passion et on permit aux enfants exhérédés injustement d'attaquer le testament comme contraire à cet *officium pietatis* qui doit régner dans tout cœur de père : l'action qui leur fut accordée fut appelée *querela inofficiosi testamenti* : on peut donc définir le testament inofficieux, l'acte conforme au droit civil, mais susceptible de rescision parce qu'il a été fait contrairement aux devoirs qu'impose la qualité de père. Les deux motifs de la *querela* étaient l'exhérédation injuste de la part du père et l'omission injuste de la part de la mère.

C'est au temps de Cicéron qu'elle s'est établie : elle a été introduite par les jurisconsultes et reconnue par l'usage comme la substitution vulgaire. Cujas pense, au contraire, que c'est une loi Glitia mentionnée dans l'*inscriptio* d'un fragment de Gaïus qui l'a établie (1) : mais cette opinion a

(1) Gaïus, *libro singulari ad legem Glitiam* (l. 4, D. de inof. test.).

été repoussée par Voët (Comment. *ad pandectas*, § 4, *de inof. test.*) et Doneau : d'ailleurs, ce qui vient ruiner l'opinion du grand interprète, c'est l'indétermination et le défaut des bases de l'action : si le législateur l'avait introduite, il en aurait établi les bases, fixé la compétence et la légitime : au surplus, ne comprend-on pas que si la *querela* eût été établie par une loi, le système testamentaire eût été également changé ? une telle institution n'apparaît pas, en effet, dans une législation, sans qu'il en reste des traces qui permettent de saisir le système auquel le législateur s'est arrêté. Lorsqu'une loi est portée, à quoi bon employer des détours ? or, nous le voyons (Inst. *de inof. test.* Marcien, l. 2 D. *de inof. test.*), ce n'est que sous le prétexte d'insanité d'esprit du testateur que la *querela* était intentée : et Vinnius lui-même le fait remarquer : le mot *inducere* dont les Institutes se servent, se réfère surtout au droit coutumier ou bien à ce droit qui sortit de l'interprétation des prudents : il n'y avait que les héritiers siens qui pussent d'abord attaquer le testament où ils avaient été injustement exhérédés : le Préteur assimila aux *sui* les enfants émancipés, et lorsque le S. C. Orphitien eût appelé les enfants à la succession *ab intestat* de la mère, on permit la *querela* quand ils avaient été omis dans son testament : le mot *inique exheredatos* se rapporte aux héritiers siens ; le mot *præteritos* aux enfants de la mère ; car le testament dans lequel le père aurait omis un *suus* aurait été nul.

Enfin les ascendants et les frères et sœurs pouvaient se plaindre de l'omission : et, la jurisprudence établit que, quand un légitimaire n'était pas rempli du quart qu'il devait avoir *ab intestat*, il pourrait intenter la *querela*.

CHAPITRE II.

NATURE DE LA *QUERELA*.

La *querela inofficiosi testamenti* peut être définie une action par laquelle le légitimaire, en se fondant sur ce que le testament est inofficieux, demande à être investi de sa part dans la succession *ab intestat* : de cette manière, il fait tomber le testament : c'était une action réelle.

Sur la nature de cette action, trois principaux systèmes ont été proposés.

Premier système. — Le moins admissible est celui qui a fleuri au dix-septième siècle dans l'Ecole Hollandaise : on prétendait, dans ce système, que la *querela* n'était qu'une action préparatoire à la pétition d'hérédité, comme l'action *ad exhibendum* est l'action préparatoire à la revendication : on disait que sur la *querela* intervenaient deux jugements : l'un sur la rescision du testament, et l'autre sur la pétition d'hérédité. Cette opinion est inadmissible : il n'y a qu'une seule et unique action par laquelle on attaque le testament et on réclame l'hérédité, de même que par l'action rescisoire de l'usucapion on demande à la fois et la rescision de l'usucapion qui s'est accomplie et on revendique la chose. Les textes ne parlent que d'une seule action : d'ailleurs, rien ne nous indique que la *querela* fût une action préjudicielle : or, la différence entre les actions préjudicielles et les autres actions était fort grande ; par

l'action préjudicielle, on se borne à faire constater judiciairement une qualité ou un fait, sans prétendre en tirer,
au moins pour le moment, la conséquence d'aucune prestation à la charge du défendeur (Traité des actions par
M. le président Bonjean, t, II, p. 240); au contraire, quand
on intente la *querela*, on fait tomber le testament, et l'effet
de cette rescision est la dévolution *ipso jure* de l'hérédité
ab intestat au légitimaire demandeur. (Arg. de la L. 8,
§ 16, D. *de inof. test.*).

Deuxième système. — C'est une action d'injures adressée à la mémoire du testateur : elle s'éteint, dit-on, par
l'oubli de l'injure et, comme elle, ne passe pas aux héritiers. (*Tryphoninus*, L. 22, D. *de inof. test.*).

Un fils peut intenter la *querela* contre le testament de
sa mère, bien que le bénéfice de cette action doive retour-
ner à son père institué dans le testament : *nam indignatio
filii est.* Ce § 1 de la loi 22 prouve donc que ce n'est pas
une pétition d'hérédité : ce système semble un peu exa-
géré : le caractère de l'action d'injures apparaît, il est vrai ;
mais, par la *querela*, le demandeur ne demande pas seulement la réparation de son honneur, il revendique encore
une hérédité *ab intestat*.

Troisième système. — C'est une pétition d'hérédité mélangée, comme accessoire, du caractère de l'action d'injures. On se fonde, en effet, en intentant la *querela*, sur une
action d'injure, mais le but est d'obtenir le droit héréditaire, et d'en être mis en possession : le *querelans* pour-
suit ainsi, dit M. de Wangerow, un double but.

Il n'est pas difficile de prouver le bien fondé de cette
théorie. Papinien (L. 8, § 8, *de inof. test.*) se sert du mot
hereditatem petere; Scævola, (*eod. tit.*) emploie l'expression *movere hereditatis petitionem*; Paul (L. 21, lib. 3 Resp.)

dit, *petitionem integram competere;* Ulpien lui-même se sert également de cette expression *vindicare facultates.*

Ce qui vient confirmer notre opinion que la *querela* était une sorte de pétition d'hérédité, c'est que c'était le Tribunal Centumviral, juridiction permanente en matière de successions (1), qui avait la connaissance des procès sur *querela.*

Avant d'intenter l'action, le légitimaire devait demander une *bonorum possessio litis ordinandæ gratiâ* qui était, au surplus, une *possessio sine re,* donnant le titre sans la réalité, la qualité sans l'effet utile : le légitimaire qui l'avait obtenue transmettait son action à ses héritiers, car il était considéré comme *litem præpardsse* : La loi 36, § 2, C. *de inof. test.* a rendu inutile l'obtention de cette possession puisqu'elle décide que « si le fils est décédé dans » le délai qui est accordé à l'héritier pour délibérer s'il » acceptera l'hérédité, mais avant qu'il ait accepté, il » transmet, quoiqu'il ne l'ait pas intentée, à sa postérité » l'action sur *querela.* »

C'était, avons-nous dit, le Tribunal Centumviral qui connaissait de cette action : mais, au sujet de la compétence de cette juridiction, il s'est élevé la question de savoir quel est le sens qu'il faut attacher à la loi 10, D. *de inof. test.* de *Marcellus,* ainsi conçue : « *Si pars judican-* » *tium de inofficioso testamento, contrà testamentum, pars* » *secundùm id sententiam dederit, quod interdùm fieri solet,* » *humaniùs erit sequi ejus partis sententiam quæ secundùm* » *testamentum spectavit.* »

Tout d'abord, il faut dire que le tribunal centumviral, sous la présidence des ex-questeurs, composé de 105 et

---

(1) Les matières dont la connaissance était dévolue au Tribunal centumviral étaient les questions de propriété, d'hérédité et d'état — Cicero. de Or. 1, 38. — Bonjean, Traité des actions, 1, p. 200 à 203. — Zimmern, p. 96.

de 180 membres, délibérait par sections séparées ; la cause
était une seule fois plaidée devant tous les juges : Marcellus
nous dit, qu'en cas de partage le testament était maintenu :
Pline le jeune, nous dit, au contraire (1), que le partage
entre les quatre *tribunalia* rescindait le testament : la conci-
liation entre l'opinion de Pline et celle du jurisconsulte est-
elle possible ? Je le crois. Pline est écrivain et avocat : or,
il raconte, comme avocat, une décision sur un point particulier, tandis que le langage de Marcellus est celui du
jurisconsulte : cette opinion n'est nullement hasardée ;
c'est ainsi que nous voyons Cicéron le prince des orateurs,
exprimer, dans ses discours, des opinions rejetées par
l'unanimité des jurisconsultes de son temps : ainsi, le testament tenait lorsqu'il y avait partage, à moins, comme
dit la loi 10 déjà citée « *nisi apertè judices iniquè secundùm scriptum heredem pronunciàsse apparebit.* » La décision de Marcellus n'était-elle pas en rapport avec les vrais
principes en vigueur, à Rome, sur le système testamentaire ? Le testament était en grand honneur à Rome : telle
est la raison de décider de Marcellus (2).

Le jugement rendu sur *querela* pouvait être attaqué par
la voie de l'appel qui avait, à Rome, un caractère suspen-
sif. (Paul. sent. V. 36) (3) ; un enfant exhérédé injuste-

---

(1) Plin. Epist. iv, 24.

(2) C'est ainsi que, dans notre législation pénale, six voix suffisent
pour l'acquittement ou pour l'admission de l'excuse proposée et pour
la déclaration d'absence de discernement chez le mineur de seize ans.

(3) Les Tribuns, à Rome, avaient un droit de *veto* qui s'appliquait,
d'abord, aux affaires politiques et s'étendait aux affaires judiciaires : Ils
empêchaient l'exécution de la sentence rendue par le *judex* : ils appo-
saient surtout leur *veto* lorsque le jugement ou la formule étaient ini-
ques, irrégulières ou contraires aux principes du droit. — Lorsque
c'étaient les centumvirs qui avaient connu de la *querela*, l'appel devait
être porté devant l'Empereur ; quand, au contraire, les parties s'étaient
soumises à *l'unus judex*, l'appel était porté devant le magistrat qui

ment qui avait gagné son procès sur *querela* pouvait,
lorsque le défendeur avait fait appel, réclamer de lui
des aliments jusqu'à ce que la sentence sur appel ait
été rendue. (L. 27, D. *si inst, de inof, test.* — Voët, Comment. *ad Pandect. in fine*); et, je tire immédiatement de
cette faculté qu'on avait d'appeler d'un jugement rendu sur
querela, un dernier argument pour prouver que la *querela*
n'était pas une action préparatoire à la pétition d'hérédité.
Sous le Code Théodosien, il était défendu (L. 2, C. Théod.
de appel) sous une peine sévère, d'appeler des décisions
préparatoires ou préjudicielles : or, si l'on pouvait appeler
d'un jugement rendu sur *querela*, comment donner à cette
action le caractère d'action préparatoire ? Ce dernier argument vient, selon moi, ruiner d'une manière complète le
premier système que j'ai exposé ci-dessus.

Si un légitimaire abandonne cette action, au préjudice
de ses créanciers, il n'y a pas lieu à l'action Paulienne
(L. I, § 7, 8. D. *si quis in fraud.* Vinnius Voët); le légitimaire ne pouvait avoir l'hérédité qu'à la condition d'intenter la *querela :* il doit s'ensuivre qu'en y renonçant, il ne
commet aucun fait de nature à diminuer son patrimoine :
par suite, ses créanciers ne pouvaient agir par action révocatoire (1).

avait délivré la formule. (*Modestinus*, L. 3, D. *quis à quo ;* cf. Ulpian.
L. 1, pr. *eodem titulo.* — Bonjean, Traité des actions, t. II, p. 548 ;
Zimmern, traduction d'Etienne, p. 401).

(1) Le C. N. admet au contraire, les créanciers à accepter, au nom
de leur débiteur, les successions qu'il aurait répudiées à leur préjudice
et à faire réduire le testament qui porterait atteinte à sa réserve (art. 788.
921).

CHAPITRE III.

CONDITIONS DE L'ACTION.

Pour que la *querela* soit admise, le demandeur doit ne pas avoir d'autre moyen de recours contre le testament : la *querela* doit être un *ultimum remedium aut adjutorium* à cause du caractère d'attaque contre la mémoire du défunt que présente l'action. Ainsi, si un fils peut prouver que le testament de son père est *ruptum aut irritum*, il devra se pourvoir en nullité contre le testament, en se fondant sur ces causes d'infirmation : il ne pourrait, prouvât-il l'injustice de l'exhérédation prononcée contre lui, intenter la *querela inofficiosi testamenti : nam qui ad hereditatem totam vel ejus partem alio jure veniunt de inofficioso agere non possunt.* » (Inst. liv. II, tit. XVIII, § 2).

Un enfant émancipé qui avait été omis, ne pouvait intenter la *querela*, car le Préteur considérant l'émancipation comme n'ayant pas eu lieu, lui accordait la possession des biens *contra tabulas.*

On ne peut l'intenter qu'autant que le défendeur est en possession des biens du défunt (1).

Les personnes qui peuvent agir par cette action sont : 1º les descendants ; 2º les ascendants ; 3º les frères et sœurs dans certains cas. — Toutes ces personnes, en effet,

_____

(1) L'action sur *querela* devait être portée devant la Juridiction du domicile de l'héritier institué ou du fidéicommissaire (L. 29 § 4. D. h. t. — Bonjean, Traité des Actions : T. I. p. 306).

ont droit à la succession *ab intestat* (Inst. liv. IV, § 1, *de hered.*).

1° Les enfants sont les premières personnes en faveur desquelles la *Querela* paraît avoir été introduite : n'est-ce pas aux enfants que la loi doit sa première protection, qu'elle doit couvrir de sa première sollicitude ? Aucune distinction ne doit être faite entre ceux qui sont du sexe masculin et ceux du sexe féminin ; entre ceux qui sont nés et les posthumes ; les enfants pubères adrogés et les enfants légitimés (1) qui puisent dans le fait de leur légitimation un droit à la succession *ab intestat*, peuvent attaquer le testament comme inofficieux ; les enfants naturels ont le droit d'attaquer comme tel, le testament de leur mère, jamais celui de leur père.

Justinien, dans ses Institutes, liv. II, tit. XVIII, dit : *Liberi secundùm nostræ constitutionis divisionem adoptati de inofficioso testamento agere possunt.* Cette distinction se réfère à celle établie dans la Constitution au Code *de Adoptionibus*, L. X : voici les motifs de l'innovation créée par Justinien dans cette loi et l'exposition de la distinction ; l'effet principal de l'adoption était de faire entrer l'adopté dans la famille de l'adoptant, et de le faire sortir de celle de son père naturel, de telle manière que l'adopté n'avait aucun droit consacré par la loi sur l'hérédité de son père naturel, et n'était pas certain de retirer quelque partie de celle de l'adoptant, celui-ci pouvant le déshériter ou l'émanciper : Justinien, pour couper court à des résultats qui pouvaient être fâcheux pour les intérêts pécuniaires de l'adopté, décida alors que, si c'était un étranger qui adoptait, l'enfant adoptif conserverait ses droits comme héritier sien dans la succession de son père naturel, tout en ayant le

(1) Lorsqu'un homme meurt laissant des enfants légitimes et un enfant légitime, celui-ci ne peut avoir dans les biens de son père qu'une part d'enfant légitime le moins-prenant L. 9. Code 53. *de natura lib.*

droit de venir à l'hérédité du père adoptif, sans pouvoir toutefois attaquer pour quelque motif le testament de son père adoptif : si l'adoption était faite par un ascendant, comme un aïeul maternel ou paternel (1), elle conservait ses anciens effets.

Les posthumes siens, c'est-à-dire ceux qui, s'ils étaient nés du vivant du testateur, auraient été sous sa puissance, pouvaient attaquer le testament comme inofficieux s'ils avaient été exhérédés. — La loi 6 D. *de inof. test.*, accorde aussi ce droit aux posthumes cognats : à cette proposition, on pourrait objecter que le Droit civil ne permet pas d'instituer ces derniers posthumes ; on répond à cela en disant que le Droit prétorien permettait l'institution de ces posthumes ; car s'ils avaient été institués, ils auraient, lors de l'ouverture de l'hérédité de l'ascendant, obtenu la possession dite *de ventre in possessionem mittendo* : et, après leur naissance, la possession *secundùm tabulas* serait venue confirmer le testament dans lequel ils avaient été institués.

Abordons maintenant une question controversée entre les divers commentateurs du Droit romain (*Cf.* Demangeat, t. I, p. 693 et Dr Wangerow, Lerbuch, tom. II, § 282). L'impubère adrogé peut-il, lorsqu'il a été exhérédé injustement par l'adrogeant, intenter la *querela* contre le testament, ou doit-il seulement pouvoir réclamer la *quarte Antonine* ? Sur ce point, remontons aux principes du droit : l'adrogation des impubères n'était pas permise dans l'ancien Droit romain : une Constitution d'Antonin-le-Pieux la permit, en apposant certaines obligations à l'adrogeant qui dut laisser à l'adrogé le quart de ses propres biens, ce qu'on appela la *Quarte Antonine* : ce point posé, quelle so-

---

(1) Pour comprendre comment un aïeul maternel ou paternel puisse adopter son petit-fils, il faut supposer l'émancipation du fils ; car si le fils n'avait pas été émancipé, le petit-fils serait de droit soumis à la puissance de l'aïeul paternel, et l'adoption eût été impraticable.

lution devons-nous admettre? Ne doit-on pas décider que l'action de la *querela* est fermée à l'adrogé impubère et que, soit que l'adrogeant soit mort *ab intestat*, soit qu'il l'ait exhérédé, sa part ne peut jamais être que du quart fixé par le § 3 des *Inst. de adopt.*? En effet, je suppose que l'adrogé impubère exhérédé intente la plainte d'inofficiosité; il ferait rescinder le testament, et le défunt serait considéré comme mort *ab intestat* (Arg. de la loi 8 D. *de inof. test.*): qu'obtiendrait cet impubère si le défunt n'avait fait aucun testament? le quart et rien que le quart: ainsi la *querela* doit être refusée en cette hypothèse: la rigueur des principes, en matière de testament inofficieux, nous conduit à donner cette solution: au surplus, Ulpien nous donne implicitement la réponse à cette question dans la loi 8 D. *de inof test.* Dans cette loi, le jurisconsulte parle d'un impubère né postérieurement à l'émancipation de son père: cet impubère a été adrogé par son grand-père qui l'a émancipé et exhérédé sans aucun motif; cet impubère ne pourra pas attaquer le testament par la *querela*; la *quarte Antonine* doit lui suffire: *à fortiori*, doit-on décider aussi, en présence de cette réponse d'Ulpien, que l'*extraneus impubère* adrogé qui a été exhérédé doit se contenter de sa *quarte*: cette explication a d'ailleurs été adoptée par les meilleurs interprètes du Droit romain (1).

La *conventio in manum* faisait rompre, pour la femme,

_____

(1) M. Vernet, quotité disponible. — Voët, comment. *ad Pandectas.* — M. Massol (sur la règle *nemo partim testatus, partim intestatus decedere potest*) dit que l'adrogé émancipé ou exhérédé recueille la Quarte comme créancier seulement ; aussi l'adrogé, recueillant la Quarte Antonine comme créancier, transmet ce droit à ses héritiers, qu'il ait réclamé ou non la dite Quarte, ce qui n'aurait pas lieu s'il s'agissait d'une action sur *querela* — (p. 456. Recueil de l'Académie de Législ. de Toulouse 1866.) ; en effet, si l'adrogé impubère exhérédé sans motifs, pouvait faire tomber le testament qui l'exhérédé, il agirait comme héritier, tandis qu'en réclamant sa Quarte, il agit par *Condictio.* — Vinnius, *Comment. in quatuor libros Institutionum* L. II: p. 447.

le lien agnatique : elle était réputée *filia familias* du mari; elle devenait *heres sua*, son héritière *ab intestat;* d'où, pour elle, le droit d'attaquer, comme inofficieux, le testament qui prononçait son exhérédation, et de concourir avec les autres enfants puisqu'elle était leur sœur consanguine. La *manus* disparut ensuite : il n'en est nullement question dans les *Institutes.*

Peu importe que les enfants soient du premier ou du second degré pourvu que, leur père étant prédécédé, le droit de succéder leur soit dévolu.

Mais si le père testateur a exhérédé justement son fils, ou qu'une exhérédation injuste ayant été prononcée contre lui il ait reculé devant la plainte d'inofficiosité, les enfants de ce fils exhérédé ne peuvent l'intenter, puisque la loi des successions n'appelle pas les petits-enfants à la succession *ab intestat* quand ceux du premier degré existent, et qu'on ne peut supposer que ce soit pour violer (*intuitu*) ses devoirs envers ses petits enfants que le père n'intente pas la plainte. (L. 6, liv. 28, tit. 3, *de injust. rup. irrito ve test.*) (1) Si le fils ne veut pas intenter la *querela*, le père ne peut pas l'intenter contre sa volonté ni la continuer après sa mort (L. 8 D. *de inof. test.*); *nam ipsius enim injuria est.* On peut rapprocher ce droit du fils qui n'intente pas la plainte d'inofficiosité du droit qu'a la fille quand il s'agit de l'action *rei uxoriæ*, de s'opposer aux réclamations du père contre le mari ou ses héritiers.

Les militaires ont toujours joui, à Rome, de certains priviléges. C'est ainsi, qu'à leur égard, la fameuse règle « *nemo partim testatus...........* » n'était pas appliquée; on considérait seulement la volonté qu'ils avaient manifestée. Un militaire pouvait disposer de son pécule *castrens*, dans un testament, et donner dans un autre testament le

(1) *Contra, Vinnius. Selectæ quæstiones;* cap. 20.

2

restant de ses biens. Il pouvait instituer deux héritiers : l'un, qui n'aurait son hérédité que pendant un temps limité; l'autre, qui la posséderait définitivement (1) (L. 15, § 4, de test. mil.); aussi avait-on décidé que la *querela* ne pouvait atteindre les testaments militaires. (L. 37, C. de inof. test.) *militaria testamenta querelam de inofficioso evadunt;* et même la voie de la plainte d'inofficiosité était fermée au militaire héritier *ab intestat* contre le testament d'un autre militaire.

Il faut observer que les actions en inofficiosité, en nullité ou en rescision d'un testament sont censées égales entre elles. L'héritier *ab intestat,* auquel le testament préjudicie, a le choix entre ces diverses actions (Ulp. L. 8, § 12, D. liv. 14, de inof. test.)

II. — Les ascendants peuvent attaquer le testament de leurs enfants dans lequel ils auraient été injustement omis, (L. 15 D. de inof. test.) Il est bien vrai que les parents doivent former le vœu d'avoir leurs enfants pour héritiers et non celui de recueillir leur succession ; mais si, contrairement à l'ordre et à la marche de la nature, les enfants ont payé à cette dernière leur tribut avant leurs parents, il est juste que l'hérédité soit déférée à leurs ascendants (2) ; mais pour qu'il y ait matière à la *querela,* il faut supposer que le fils de famille a été émancipé puisque l'enfant qui était sous la puissance de son père ne pouvait tester. L'ascendant émancipateur, *contracta fiducia,* omis dans le testament de

___

(1) *Cf.* Pellat. Textes choisis des Pandectes, p. 342 et suiv. *Institutio ex re corta .*

(2) Le jurisconsulte Philippe de Beaumanoir (Cont. de Beauvaisis, ch. 14, § 22), traitant d'une matière analogue, s'exprime en ces termes ; « Quand li enfès muert sans hoirs de son cors, ses héritages » reviènnent à son père ou à sa mère comme au plus prochain ; et male » cose serait que li pères et le mère perdissent lors enfants et le lor, » car toutes voies est on plus tost réconfortés d'une peine que de deus. »

l'émancipé, avait droit à la *bonorum possessio contra tabulas*
pour la moitié de l'hérédité avant Justinien, et, pour le
tiers, sous cet empereur, sur les biens de son enfant ainsi
émancipé. — Mais ce droit ne l'empêchait pas de faire valoir les droits qu'il avait en qualité d'ascendant et d'intenter la *querela* (L. 1, § 6. D., *si à parent, qui manum*) :
aussi, les droits qu'avait l'émancipateur, comme *patron* et
comme *ascendant*, étaient distincts l'un de l'autre. La
loi 16 D., § 1, *de inof. test.* nous en donne un exemple,
en disant : « Un père qui avait émancipé son fils a obtenu
du préteur, contre son testament, la possession de biens
en qualité d'émancipateur ; ensuite, la fille du défunt, qui
avait été pareillement déshéritée, forme son action en
inofficiosité de testament. Si elle réussit, la possession
accordée au père devient nulle, car, dans le premier jugement, il n'a point été question de la validité du testament ;
on n'a pensé qu'au droit que l'émancipation donnait au père
sur la succession de son fils émancipé. Ainsi, toute la succession doit être rendue à la fille avec les fruits. »

III. — A défaut de descendants et d'ascendants, elle
appartient aux frères et sœurs consanguins, mais non aux
frères utérins : leur action ne pouvait être admise qu'autant que l'héritier était une personne mal famée (*turpis*),
ou dont l'*existimatio* était diminuée (1).

(1) La plupart des jurisconsultes décident que les frères et sœurs n'ont
jamais de droit à une légitime proprement dite, mais seulement le droit
d'intenter la *querela* si une personne honteuse leur était préférée, pour
lui faire rendre tout ce qu'elle avait reçu, qu'elle qu'en soit la quotité.
— Le Digeste s'explique expressément sur le droit des enfants et des
ascendants à une légitime, tandis qu'il ne l'accorde pas d'une manière
positive en tous les cas à ces collatéraux privilégiés. — V. Loi 27, C. de
inof. test. — Mackeldey, p. 334. — Franck, p. 108. — Gluck, 35e p.,
p. 95. — *Contra* Marezoll, dans son *Journal*, t. 1, p. 185.
Certains romanistes n'accordent pas la plainte d'inofficiosité aux enfants des frères et sœurs dans le cas où ceux-ci pourraient l'intenter.
— J'admettrais cette solution pour l'ancien Droit, mais la Novelle,

C'est ainsi que la *querela* était admise contre la femme de mœurs dissolues; la proxénète même, qui, ayant abandonné sa triste et coupable existence, s'était donné un époux. La femme qui vivait en concubinat pouvait se voir enlever le bénéfice de la disposition testamentaire, bien que le concubinat fût permis à Rome. (L. 5, C. ad. S. C. Orph.) La concubine, en effet, n'était pas revêtue de la dignité de la *mater familias* (1), dont la vertueuse Cornélie, mère des Gracques, est le type le plus parfait de la société romaine.

Quant aux collatéraux autres que frères et sœurs, Ulpien s'empresse de leur recommander de ne pas s'exposer à de grands frais pour poursuivre cette action, car ils n'ont pas toujours l'espoir d'y réussir.

La *querela* s'intente contre l'héritier institué, de quelque dignité qu'il soit revêtu, contre l'Empereur lui-même (L. 8, § 2, D. Pap. *de inof. test.*); et, aux termes de la loi 1, C. eod. tit., le *querelans* peut diriger son action contre le fidéicommissaire. En effet, le fidéicommissaire, qui, d'après le Trébellien, était astreint, *ultra vires hereditatis*, au payement des dettes, était tenu comme l'héritier (Perrez. *de Fideicom.*, art 3 n° 5.); aussi n'est-elle pas donnée à l'encontre d'un fidéicommissaire à titre particulier, qui n'est pas héritier, mais qui peut, toutefois, s'il le juge convenable pour son intérêt, pour prévenir les

---

118, c. 3, a, il me semble, mis les enfants des frères ou sœurs au même rang que leur père, en disant : « *Hujusmodi verò privilegium in hoc ordine cognationis solis prœbemus fratrum masculorum et fœminarum filiis aut filiabus, ut in suorum parentum jura succedant.* » (V. Mullenbruch.)

Sur la *consumptio* et la *minutio existimationis*, V. Pellat, Droit privé des Romains, traduction de Marezoll, p. 209.

(1) Cela se comprend; on travaillait depuis plusieurs siècles à abolir le concubinat.

fraudes que concerteraient, pour le dépouiller, le *querelans* et l'institué fiduciaire, intervenir devant le tribunal
centumviral.

Pour que le testament pût être rescindé et qu'il pût y
avoir lieu à la dévolution de l'hérédité *ab intestat*, il fallait
que le testateur n'eût pas respecté cet *officium pietatis* écrit
dans le cœur de quiconque est uni à quelqu'un par les liens
d'une proche parenté; il fallait qu'au moment de cet acte,
il fût aveuglé par la passion où que son cœur fût fermé
à l'affection paternelle et qu'il n'eût aucun reproche à
adresser à ses enfants : aussi, un professeur éminent de
la Faculté de Droit de Paris (1) appelait-il la plainte
d'inofficiosité « *un appel à la volonté mieux éclairée du
testateur.* »

Dans le principe, le tribunal centumviral avait un pouvoir très-large d'appréciation sur les causes d'exhérédation
qui lui étaient soumises. Le père de famille pouvait en
testant, avec toute sécurité, et en ayant l'espoir d'avoir
un testament qui serait exécuté, frapper d'exhérédation ses
fils, qui vivaient dans la prodigalité, étaient obérés de
dettes ou qui s'étaient, envers leur père testateur, rendus
coupables de faits d'ingratitude mentionnés dans le testament. La *querela* ne reposait donc sur aucune base ni détermination certaines. Cette défectuosité réclamait un changement : les prudents limitèrent alors aux trois quarts la
portion de biens dont le testateur pouvait disposer à l'encontre de ses descendants et ascendants. Mais comment
s'est établie cette quarte? Sur ce point, voici, je crois, la
conjecture la plus probable. Dans l'ancien Droit le testateur
pouvait réduire l'hérédité qu'il laissait à l'institué à une
pure lettre morte en la grévant d'un très-grand nombre de
legs. Des plébiscites furent promulgués qui, sous le nom

(1) M. Oudot.

de *lex Furia*, *Voconia*, tout en montrant l'esprit libéral
dont était animé le législateur, ne laissaient pas que d'offrir
de nombreux inconvénients : fut enfin portée la *lex Falcidia*,
qui accorda à l'héritier institué le droit de prélever sur
l'hérédité le quart franc de tous legs. Cette loi fut étendue
par le sénatus-consulte Pégasien, qui donna à l'héritier
grevé de fidéicommis le droit de retenir le quart de la succession : on comprend donc que le législateur, ayant jugé
digne d'une faveur jusqu'alors inconnue l'étranger institué
héritier, dût songer aux héritiers du sang, et que ce fut
par assimilation à la quarte falcidie que la quarte légitime
fut introduite désormais dans la législation du peuple romain. Ce qui vient confirmer cette conjecture généralement
admise, c'est que le calcul de cette quarte se faisait sem-
blablement à celui de la falcidie. Les biens donnés par donation à cause de mort devaient y être compris, mais non
les biens donnés entre-vifs. Ce ne fut que plus tard que la
querela inofficiosæ donationis fut admise. Cette quarte légitime avait déjà lieu du temps de Pline le Jeune, qui dit,
Epist. v, i : « Si vous avez été déshérité par votre mère
» il vous suffit d'avoir la quatrième partie de la succession. »
Il n'est donc point vrai, comme le pense Cujas, que cette
quarte ait été introduite par Marc-Aurèle.

La quarte pouvait être laissée à d'autres titres que celui
d'héritier : ce ne fut que la Novelle 115, cap. VII, qui
enjoignit d'instituer le légitimaire comme héritier, au moins
ex certâ re. Constantin avait décidé (L. 4, C. Th. *de inof.
test.*) que si le testateur avait laissé une portion de ses
biens même inférieure au quart, avec disposition expresse
qu'en cas d'insuffisance, elle devait être parfaite, *boni viri
arbitratu*, le testament serait à l'abri de toute rescision
par suite de la *querela*. Cette action en supplément était
une véritable *condictio ex lege*, *perpetuelle*, *transmissible
aux héritiers*, à la différence de la *querela*, qui était tem-

poraire, reposait sur une présomption d'injures, et qui, dans le principe, était personnelle.

Il faut décider que la quarte était une *partie des biens*, plutôt qu'une *portion de l'hérédité ab intestat*. L'origine de la quarte légitime nous le montre : dans l'ancien Droit, elle pouvait être laissée à titre de legs, fidéicommis ou donation à cause de mort ; et bien que, pour éviter la rescision du testament comme inofficieux, le testateur dût, sous le droit des Novelles, laisser à titre d'héritier le quart de sa succession *ab intestat* à ses enfants, ou les instituer héritiers *ex certâ re*, il faut admettre néanmoins que, sous le Code, la légitime leur était laissée en qualité d'enfants, et non comme héritiers *ab intestat*. L'obligation pour le légitimaire d'imputer, dans le nouveau Droit, sur sa part de légitime, certaines libéralités qu'il avait reçues à titre de dons entre vifs, ne nous l'indique-t-elle pas? Si c'était à titre d'héritier que le légitimaire recevait la légitime, comment la Novelle aurait-elle permis d'instituer seulement le légitimaire *ex certâ re*? Elle aurait exigé que ce fût le quart qui devrait lui être laissé à titre d'héritier, et non pas seulement une partie de la quarte. (Voir sur cette question Vinnius, *Selectæ quæstiones*, ch. 22.) Certains jurisconsultes, et parmi eux M. Ragon, professeur à la Faculté de droit de Poitiers, prétendent « qu'il n'est pas » vrai que la légitime ne fût qu'une créance pour l'enfant » et une dette pour la succession : Il n'a jamais été entendu » que le légitimaire viendrait se faire payer par concurrence » et contribution avec les créanciers de la succession ; tout » au contraire, il n'a de droit sur les biens laissés au décès » qu'après les créanciers. » Et M. Ragon ajoute que « le » Droit romain n'eut pas de principe exclusif sur les qua- » lités dans lesquelles se demande ou se retient la portion » légitime ou réservée ; et il n'a pas été dit catégorique- » ment si elle est une quote des biens ou une quote de l'hé-

» rédité ; elle peut être l'une ou l'autre : elle peut se
» recueillir à titre d'héritier, de légataire, de fidéicommis-
» saire ou de donataire (1). »

Malgré la science de l'éminent romaniste de la Faculté de
Poitiers, je ne puis partager son incertitude sur cette question, et je pense que c'était à titre d'enfant que le légitimaire recueillait sa quarte. Il est bien vrai, comme le dit
l'auteur de la *Théorie de la rétention*, que la légitime pouvait se recueillir à titre de légataire, de fidéicommissaire
ou d'héritier ; mais cela ne prouve-t-il pas précisément
que ce n'était pas en la seule *qualité d'héritier* que la légitime était accordée à l'enfant ? Le titre d'héritier devait,
il est vrai, lui être conféré par testament ; mais l'émolument qu'il recueillait de la succession n'était pas toujours
recueilli par lui en vertu de son titre d'héritier.

Aucune condition, aucuns délais, retards ou charges,
ne pouvaient être apposés à la légitime (L. 32, C. *de Inof.
test.*). Ainsi, le testateur n'aurait pu laisser seulement au
légitimaire une nue-propriété. (Vinnius, *Selectæ quæstiones*, cap. 22, § 2.)

(1) M. Ragon, Théorie de la Rétention, t. i, p. 54, 55, 56

CHAPITRE IV.

COMMENT SE PERD LA *QUERELA*,

Bien que le *querelans*, en attaquant le testament comme inofficieux, ait pour but principal de venir à l'hérédité *ab intestat*, cette action est mélangée, avons nous dit, du caractère d'injures ; aussi doit-elle s'éteindre lorsque celui qui pouvait l'intenter y a renoncé soit expressément, soit tacitement. Elle s'éteint :

1° Par suite d'une transaction (1), pourvu que l'héritier institué l'ait exécutée. (Ulp. L. 27, lib. 6 op. D. *de Inof. test.*)

Il faut appliquer au testament inofficieux la loi 6 D. *de Transactionibus*, aux termes de laquelle on ne peut transiger valablement sur les différends qui s'élèvent à

---

(1) La transaction ne pouvait être opposée qu'à ceux qui l'avaient consentie. Elle n'était donc pas opposable aux légataires, aux fidéicommissaires et aux esclaves affranchis par le testament. (L. 20 D. *de Transactionibus* ; L. 29, § 2 D. *de Inof. test.* ; L. 3 pr. D. *de Transactionibus.*) Il ne pouvait, en effet, en être autrement ; il se fût produit des collisions entre le *querelans* ou légitimaire et l'héritier institué Cette décision, qui découle des principes les plus élémentaires du Droit, était commandée par la loi 29 D. *de Inof. test.*, qui donne aux légataires le droit de faire constater devant la juridiction d'appel que la sentence avait été rendue à la suite d'un concert frauduleux intervenu entre le *querelans* et *l'heres scriptus*.

l'occasion d'un testament, ni s'instruire de la vérité, qu'après avoir pris connaissance du testament.

2° La voie de la *querela* est formée si, après la *litis-contestatio*, qui engage définitivement le procès et rend possible la sentence à intervenir, le *querelans* renonce à son action, le cas de fraude excepté : *nec enim dolus ipsius ipsi actionem parere debet* (Pand. in nov. ord. D. t. III, p. 630, Pothier); s'il a écrit sur les tablettes du testament de son père, postérieurement à sa mort, qu'il en approuvait le contenu (L. 31, § 3 D., *de Inof. test.*); ou s'il réclame un legs qui a été fait à son profit.

3° Le légitimaire exhérédé qui prête son ministère d'avocat ou de procureur à un tiers qui réclame un legs fait à son profit renonce par là même à intenter la *querela*; il est considéré comme reconnaissant la validité des dispositions testamentaires de celui qui l'a exhérédé. Mais comment concilier la loi 32 D. pr. *de Inof. test.*, où ce cas d'extinction de la *querela* se trouve prévu, avec la loi 45 op. Ulp. D. *de Rei indicat*, où il est dit que l'avocat qui prête son ministère dans un procès en revendication n'est pas déchu du droit de revendiquer, en son propre nom, l'objet en litige, s'il vient à découvrir qu'il lui appartient ? Ces deux lois statuent sur des points différents : l'action sur *querela* étant une action d'injures, mêlée de pétition d'hérédité, on conçoit que l'acquiescement le plus léger donné au testament fasse déchoir le légitimaire du droit d'intenter l'action, tandis que l'action en revendication ne saurait se perdre par suite d'une méprise.

De même, quand c'était en qualité de tuteur que le demandeur réclamait le legs fait à son pupille, on ne considérait pas ici l'*actor* comme ayant renoncé au droit d'intenter la *querela* en son propre nom. (L. 30, § 1. D. *de Inof. test.*)

4° La *querela* était fermée quand le légitimaire avait laissé s'écouler le laps de temps de deux ans, qui fut dans la suite porté à cinq ans. L'héritier institué fut mis en demeure par Justinien de faire adition dans le délai de six mois ; et c'est à compter du dernier jour de ce délai que la prescription de la plainte d'inoffisiosité prenait son cours.

5° Paul, dans ses sentences, (Liv. 4, tit. 5, § 8) nous dit que le légitimaire ne perd le droit d'attaquer le testament de son père qu'autant qu'il aurait donné son approbation après le décès du testateur.

Sur la loi 16 (C. *de inof. test.*) il faut remarquer ceci que, si l'enfant s'est inscrit en faux contre le testament et que cette inscription ait duré neuf ou dix ans, s'il perd sa cause, l'Empereur déclare que la prescription de cinq ans n'a point couru pendant ledit temps, et ne commence de courir que depuis la sentence de condamnation ; et, de cela, la raison est bonne, dit Etienne Pasquier (1) : « Parce que » pendant tout le temps passé, l'action de faux par lui in- » tentée lui avait empêché le cours de la querelle d'inoffi- » ciosité, comme étant deux actions contraires ; car, l'ins- » cription en faux présupposait qu'il n'y avait pas eu de » testament ; au contraire la querelle d'inofficiosité présup- » pose qu'il a été fait, mais indûment et contre la piété » de la nature, au préjudice dudit enfant. »

6° Si une obligation avait été contractée solidairement par Quintus et Mucius, que ce dernier fût le légitimaire du créancier et que le défunt créancier eût légué à Quintus sa libération, l'acceptilation, qui, faite au légataire débiteur profiterait à son corrée, ne porterait nullement atteinte au droit qu'aurait ce dernier d'attaquer le testament du défunt

(1) Etienne Pasquier, *Institutes de Justinien* (édition de M. Ch. Giraud, p. 417, 1847).

comme inofficieux. — L'acceptilation éteint d'une manière absolue l'obligation au profit de tous les corréos; et, l'on comprend que ce mode d'extinction des obligations qui emporte avec lui de tels effets ne saurait leur causer préjudice : autrement, il n'eût pas été juridique; « Ce qui rend le tes- » tament inattaquable, dit M. Demangeat, ce n'est pas » la simple circonstance que la personne qui voudrait l'at- » taquer en a retiré un profit quelconque : c'est avant tout » le fait que cette personne lui ayant donné une approba- » tion au moins tacite, a par là même reconnu qu'il n'était » pas inofficieux (1). »

(1) Modest. D. L. 12, § 3, h. t. — Demangeat, Obligations solidaires, p. 25. — Si le testateur avait déshérité une personne en la désavouant pour son fils, cette personne pourra toujours attaquer le testament comme inofficieux, en prouvant qu'elle est le fils du testateur. (L. 27, § 1, D. *de inof. test.*). — Il s'élevait alors une contestation sur l'état civil (Ulp. L. 1, § 1. — L. 3, § 4, D. *de partu agnoscendo.* — V. sur cette action, Bonjean, *op. cit.* t. II, p. 251 et 256).

CHAPITRE V.

DES EFFETS DE LA *QUERELA*.

Toute action produite en justice doit entraîner, quand elle réussit, certaines conséquences : ces conséquences varient elles-mêmes suivant la nature de l'action : lorsqu'elle porte avec elle le caractère d'injures, on comprend que les effets qu'elle produit soient plus radicaux et plus importants.

La *querela* entraînait, lorsque le Tribunal centumviral jugeait l'injustice de l'exhérédation, la rescision du testament qui était considéré comme inexistant ; aussi, Ulpien nous dit-il : « *Si ex causâ de inofficiosi cognoverit judex,* » *ipso jure rescissum est, et suus heres erit, secundum* » *quem judicatum est.* » (L. 8, § 16, D. *de inof. test.*).

Prévoyons deux hypothèses.

I. *Le demandeur perd son procès.* — Si le légitimaire avait insisté dans son action jusqu'au jour du jugement, il perdait les legs, les valeurs qui lui avaient été laissées par testament : (L. 8, D. *de inof. test.* § 14); s'il avait un substitué, celui-ci les recueillait : en cas de non substitution, c'était le trésor public qui prenait les valeurs léguées : pour ne pas tout perdre, le légitimaire reconnaissait, avant que la sentence intervînt, la validité du testament ; il gardait alors les legs : il en était de même quand il n'avait fait que continuer la procédure.

II. *Le demandeur gagne son procès.* — Le *querelans* qui sort victorieux de l'instance ne peut jamais demander plus que la part qu'il aurait eue *ab intestat* (L. 8, § 2, D. *de inof. test.*). Si la part qu'obtient le demandeur en vertu du jugement, n'est qu'une partie de l'hérédité, l'autre part restera aux héritiers institués, car les jugements n'ont d'effet qu'entre les parties : le testament devait, par conséquent tomber, pour le tout, quand il n'y avait qu'un seul héritier *ab intestat :* la sentence peut même être opposée aux légataires qui ont pu intervenir lors du procès devant les centumvirs et en faveur desquels la loi avait consacré le droit d'appel en cas de collusion entre le *querelans* et les héritiers institués : on exprime cette proposition par la maxime : « *Judex jus facit.* » (1)

Si l'institué avait acquitté les legs que le testateur avait mis à sa charge, la *condictio indebiti*, action essentiellement de droit strict, pourra être intentée, en cas de rescision du testament, par l'institué contre les légataires : mais l'action utile sera-t-elle accordée au *querelans* qui a réussi dans son action ? On faisait une distinction entre le cas où l'institué avait acquitté les legs avant la contestation et celui où il les a payés *lite contestatâ :* dans ce dernier cas, l'institué n'aurait pu déduire les legs qu'il n'aurait pas dû payer et dont, par conséquent, la répétition le concerne : dans la première hypothèse, l'héritier institué remet au *querelans* qui a gagné son procès, l'hérédité, déduction faite de ces legs payés, et n'est tenu à autre chose qu'à lui transmettre l'action *indebiti* qu'il a pour les répéter : par cette *condictio* qu'Adrien a donné comme utile pour éviter

(1) V. Savigny, Traité du Droit romain, t. VI. — Arg. L. 50, § 1, *de leg.* t. XXX : L. 12, pr. § 2, C. *do pet. hered.*

la cession d'action, le *querelans* demandera qu'on lui re-transfère la propriété.

Si l'héritier institué contre lequel la *querela* intentée a réussi, avait payé un des créanciers de la succession, ce paiement entraînerait la libération de l'héritier non pas *ipso jure*, mais *exceptionis ope* (arg. tiré de la loi 31, pr. D. *de hered. pet.*); et, l'héritier évincé aurait le droit d'imputer, dans le compte de l'hérédité qu'il remettrait au *querelans*, la somme par lui versée aux créanciers de la succession.

Paul (Lib. III, Resp. L. 21, § 2, D. *de inof. test.*) nous dit également que si celui qui a été institué héritier a succombé sur la *querela*, l'adition d'hérédité qu'il avait faite est considérée comme non avenue; et cet héritier institué aura entière l'action pour obtenir contre le *querelans* ce qui lui est dû et pour lui opposer l'extinction de son obligation par voie de compensation.

Lorsque la *querela* est intentée contre un testament et qu'elle réussit, il y a lieu alors à la dévolution de l'hérédité *ab intestat*, et elle peut même aller à une personne autre que le demandeur : c'est ainsi qu'Ulpien prévoyant le cas où la plainte d'inofficiosité serait intentée par une personne qui n'y aurait aucun droit, sans opposition de personne, et qu'elle réussit, écrit : « *non ei prosit victoria, sed his qui* » *habent ab intestato successionem. Nam intestatum patrem* » *familias facit.* » (L. 6, D. § 1, *de inof. test.*)

Lorsque la rescision du testament est partielle, elle semble violer une règle fondamentale en matière testamentaire et qui s'énonce ainsi : « *Nemo pro parte testatus, pro parte* » *intestatus decedere potest.* » Les Romanistes se sont occupés de concilier avec cette règle les effets de la rescision partielle du testament, et dans ces derniers temps, l'Académie de Législation de Toulouse a entendu la lecture d'un mémoire savamment écrit sur l'explication et l'interpréta-

tion de cette règle du pur Droit civil romain (1). A Rome,
disons-nous, le testateur devait, dans son acte de dernière
volonté, disposer de toute son hérédité ; il ne pouvait instituer pour une moitié de sa succession un étranger et laisser
l'autre moitié à ses héritiers qui viendraient la recueillir
ab intestat : la personne du défunt se continuait dans celle
de son héritier, et, la représentation partielle du défunt ne
pouvant avoir lieu, il en résultait qu'il ne pouvait y avoir
à la fois un héritier institué pour moitié et un héritier légitime pour l'autre moitié : il ne pouvait non plus se faire
qu'une personne fût héritière pendant un certain temps et
qu'après l'expiration de ce délai, un autre vînt s'emparer
définitivement de la succession. La règle *nemo pro parte
testatus.....* était donc fondée sur un principe de raison ;
« Elle venait, dit un jurisconsulte, de l'incompatibilité qui
» existait entre le droit de l'individu et le droit de la fa-
» mille consacré par la loi (2). » Mais cette règle semble
recevoir échec dans plusieurs hypothèses relatives au testament inofficieux : Ulpien pose le principe (L. 24, lib. 48,
ad sab. h. t.) qu'en matière d'inofficiosité, il a coutume
d'arriver qu'on rend dans la même cause deux jugements
différents : ainsi, si le *querelans* dirigeait son action contre
des institués de condition différente ou lorsque par l'injustice de l'un des juges, le fils déshérité a obtenu deux jugements différents.

Ainsi, dans la loi 18, § 2 D. *de inof. test.*, deux héritiers sont institués. La *querela* est dirigée contre eux
par le fils exhérédé : celui-ci gagne à l'égard de l'un, et
perd son procès à l'égard de l'autre ; l'un des institués gardera la moitié de la succession comme héritier testamen-

(1) M. Massol, sur la règle *Nemo pro parte testatus.....* 1867.

(2) Compte rendu par M. Rozy, agrégé, chargé du cours d'économie politique à la Faculté de Toulouse. — 1867.

taire, l'enfant exhérédé prendra l'autre moitié *ab intestat.*
Cette solution est d'ailleurs parfaitement juridique ; elle
est en rapport avec la loi sur les successions *ab intestat ;*
elle est la conséquence de la loi 24 Ulp., ci-dessus citée,
et ressort de la nature de la plainte d'inofficiosité, qui pro-
tége bien les héritiers *ab intestat*, mais qui veut qu'on res-
pecte également la volonté consacrée par le testateur. La
règle *Nemo....* se trouvera violée ; comment expliquer cette
exception si cette règle est fondée sur un principe de raison ?
La réponse qui se présente tout naturellement à l'esprit
c'est que la règle *Nemo.....* est une règle imposée au testateur qu'il ne lui est pas possible d'enfreindre par sa seule
volonté, mais qui, par une cause subséquente, peut se
trouver attaquée. Les Romanistes ont donné des explications
différentes sur cette exception.

Ainsi, Bachofen (*de Romanorum judiciis*, p. 22), ex-
pose que le Tribunal centumviral, qui statuant surtout en
fait, était une justice populaire (1) rendue par des personnes non jurisconsultes, jugeait en s'inspirant de l'équité.
Ce qui le prouve, c'est l'appréciation souveraine qu'il faisait des causes d'exhérédation et de l'indignité de l'institué. Cette liberté que cette juridiction avait ne blessait
nullement les principes du pur Droit civil. — M. Ragon,
sans adopter ouvertement cette opinion, semble y donner
son assentiment ; aussi dit-il : « La grande liberté dont
» jouissait ce Tribunal dans l'application du droit peut ex-
» pliquer l'indécision qui règne dans quelque partie de la
» doctrine romaine des testaments inofficieux (2). »

(1) Malgré les documents incomplets sur cette juridiction, qui serait
née vers l'an 512 de Rome, il est permis de conjecturer que les centumvirs, comme les autres fonctionnaires, étaient nommés pour un an
et élus par le peuple. (cf. Bonjean, Traité des actions, t. 1, p. 190 et
suiv.)

(2) Théorie de la Rétention, t. 1, p. 30.

3.

L'éminent Cujas (Comm. de la L. 7 *de div. reg. juris*) invoque à l'appui de l'explication de l'exception faite à notre règle la loi 19, § 2 D. *de Castrensi peculio*, qui consacre pour le militaire le droit de tester seulement sur son pécule castrens, en laissant pour les héritiers de ses autres biens ses successeurs *ab intestat.*

Doneau (t. 5, c. 546) attribue ce résultat à l'autorité de la chose jugée, qui ne produit son effet qu'entre les parties ; c'est cette dernière explication qui doit être adoptée, et que démontre la nature spéciale de la *querela inofficiosi testamenti.*

La loi 19 D. , *de inof. test.*, nous fournit un autre exemple de l'échec porté à la règle *Nemo pro parte testatus.....* ; mais le jurisconsulte ne donne pas positivement la solution entière de la question ; je crois toutefois qu'on peut la découvrir. Voici l'espèce : Une mère qui a deux filles a institué un étranger pour son héritier, et lui a laissé les trois quarts de sa succession ; elle a donné le quart restant à l'une de ses filles et a omis la seconde ; cette dernière intente la *querela* et réussit ; le testament est rescindé : quelle part peut obtenir la fille prétérite ? la moitié de la succession comme formant la part qu'elle aurait eue dans l'hérédité *ab intestat*, ou les trois quarts qui avaient été attribués à l'étranger ? ou bien encore, la succession étant alors en totalité dévolue *ab intestat*, et la fille instituée héritière pour un quart venant à la succession *ab intestat*, la fille prétérite ne pourra-t-elle prendre que la moitié ? Tel est le point de droit sur lequel le grand jurisconsulte Paul est consulté. Paul, dans les 3 § de la loi 19, ne résout pas entièrement la question ; il dit seulement que la fille prétérite ne peut jamais avoir que la moitié de l'hérédité *ab intestat*. Mais, comme le dit parfaitement sur cette loi M. Massol (op. cit. , p. 26), « voilà ce que Paul déclare ; il s'arrête là. »

Sur ce point, posons les principes : celui-là seul peut
attaquer le testament comme inofficieux qui n'a pas le
quart des biens qu'il aurait eus *ab intestat*. On ne peut pas
dire, en effet, qu'à l'égard de celui qui a été institué pour
un quart, le testament soit *contrà officium pietatis*. Papinien (L. 16, lib. 2 Resp.) nous le dit implicitement; il
parle d'une sœur qui, n'ayant pas agi conjointement avec
son frère institué en partie, lequel avait intenté l'action
d'inofficiosité contre le testament de sa mère, ou qui, l'ayant
intentée, n'a pas réussi, ne concourt pas avec son frère
dans la succession légitime. Cette loi nous fournit un argument *à fortiori* des plus puissants : en effet, si Papinien
nous dit que même celui qui aurait eu le droit d'intenter la
querela ne peut participer au bénéfice de la rescision du testament, s'il n'a pas été le co-demandeur de son frère qui
a triomphé sur l'action, il doit s'ensuivre que celui qui n'a
aucun droit d'attaquer le testament par la *querela* ne peut
venir puiser dans l'exercice et la consécration du droit d'au-
trui le bénéfice et l'émolument d'une action qu'il ne peut
intenter de son chef. — La *querela* a pour objet de faire
obtenir seulement la part qu'on aurait eue *ab intestat*. —
Cette action repose essentiellement sur l'équité; ce qui le
prouve, c'est le pouvoir de la juridiction centumvirale,
l'incompatibilité qui peut exister entre deux jugements, et
surtout la faveur que mérite le maintien du testament.

Or, si nous nous aidons de ces principes, nous devons
décider que la fille prétérite *querelans* aura la moitié de
la succession, la fille instituée conservera le quart qui lui
a été laissé, et l'étranger retiendra sur les trois quarts
montant de son institution un quart. En effet, on ne saurait décider que, par suite de l'admission de la plainte
d'inofficiosité, il y ait lieu à la dévolution de la succession
ab intestat, ou que la sœur instituée ne pourrait rien réclamer de cette hérédité *ab intestat*, parce qu'elle serait

considérée comme ayant répudié la qualité d'héritière *ab intestat* ; comment faire grief à une personne d'avoir répudié une hérédité quand elle pouvait se porter *dem andeResse pruscopale* sur *querela* ; obligée qu'elle était de se contenter du quart qui lui avait été laissé ? Et Paul, L. 19, le dit lui-même : « *Sed non est admittendum ut* » *adversùs sororem audiatur, agendo inofficioso.* » La fille omise, en attaquant le testament comme inofficieux, se fonde sur la violation de l'*officium pietatis* à son égard ; comment pourrait-elle intenter cette action contre sa sœur instituée pour la quarte ? La fille omise ne peut réclamer les trois quarts à l'étranger ; car alors la succession retomberait dans la classe des successions *ab intestat* pour les trois quarts. La sœur instituée viendrait réclamer sa part dans cette succession vacante *ab intestat*, et on ne pourrait la repousser sous le prétexte qu'ayant accepté l'institution du quart, elle aurait renoncé à la succession. Ainsi, quelque application que nous fassions des principes, nous devons décider que la fille omise aura la moitié de la succession ; un quart restera à l'étranger, et l'autre quart à la fille instituée. La demande est limitée dans son principe et ses effets, à concurrence de ce qui doit légalement constituer pour la fille omise sa part dans l'hérédité *ab intestat* ; il se fait une sorte de dévolution relative de l'hérédité *ab intestat* dans la mesure exacte du droit du demandeur.

Au surplus, je suppose que le testateur ait mis à la charge de l'étranger institué pour les trois quarts certains legs ou fidéicommis ; si la fille omise pouvait enlever à cet institué les trois quarts, les legs ou dispositions accessoires grevant l'étranger disparaîtraient, puisqu'en cas de réussite de la plainte d'inofficiosité, *nec legata debentur.* (L. 8. § 16 D. *de inof. test.*) Or, peut-on porter ainsi atteinte à la volonté du testateur ? Il faut bien se souvenir que l'on doit toujours se prononcer pour la validité du testament quand une partie peut en être conservée sans blesser les principes du droit.

Paul sans exclure expressément la fille instituée du droit de recueillir la moitié de la succession, dit positivement que la fille prétérite ne pourra jamais avoir que la moitié de l'hérédité : n'est-ce pas dire implicitement que l'étranger gardera un quart?

Si l'héritier institué était créancier du *de cujus* testateur, les conséquences qu'a entraînées l'adition d'hérédité venant à disparaître, l'héritier institué est considéré comme n'ayant jamais eu la qualité d'héritier, et il conserve tous ses droits antérieurs ; le défunt, en effet, en cas de réussite sur la *querela*, était considéré comme décédé *ab intestat*. (Sic, Machelard. Oblig. nat. , pag. 208).

Si le Tribunal centumviral saisi d'une affaire sur *querela* avait rendu un jugement contre le défendeur contumax, ce jugement n'aurait pas l'autorité de la chose jugée et les legs ou fidéicommis subsisteraient. (L. 17, § 1. Paul, *lib. quæst.* — L. 18, Paul, *de inof. test.*). En effet, on ne peut pas dire, dans cette circonstance, que les fidéicommissaires et légataires aient été représentés comme dans un débat contradictoire : il faut ajouter que le contumax qui a été condamné ne peut recourir à l'appel ; toutefois, s'il vient à prouver que ce n'est pas avec juste raison que le Tribunal centumviral l'a traité comme contumax, il a la faculté d'appeler. (*Ulp.* L. 73, § 3. D. *de jud.* — L. 1. C. *quorum* appel. — Nov. 82, cap. 8.) Nous devons décider qu'en cas de rescision partielle du testament, le légitimaire a droit a une indemnité pour les affranchissements qui ont été légués (arg. des lois 8, §§ 17 et 9 *de inof. test.* — 26 D. h. t. — L. 17, C. *de inof. test.* L. 20. D. *de exceptione rei judicatæ :* cette dernière loi est surtout décisive). La loi 4, C. *de inof. test.* offre, selon moi, un argument péremptoire. Cette loi permet à un légiti-

maire qui a laissé passer le laps de temps fixé par la loi ,
d'intenter la *querela ex magnâ et justâ causâ*, et elle
déclare que chaque affranchissement légué par le testament lui sera payé vingt pièces d'or : si donc un légitimaire qui n'a pas en principe le droit d'intenter la *querela*
parce qu'il est forclos par le délai, peut néanmoins l'intenter et recevoir vingt pièces d'or pour l'affranchissement
de chaque esclave, il en doit être de même *à fortiori* pour
celui qui se porte *querelans* dans les délais fixés par la loi
et qui obtient la rescision partielle du testament.

La solution que nous avons donnée ci-dessus, à savoir
que la *querela* était une pétition d'hérédité mélangée
comme accessoire du caractère de l'action d'injures, nous
amène à lui faire l'application de deux textes du titre de .
hereditatis petitione. (L. 40, § 1, *de hered. petit.*, *cf.*
L. 16, § 1, *in fine, de inof. test.* — L. 31, §§ 1, 2, *de
hered. petit.*)

La première de ces lois décide que le demandeur sur
pétition d'hérédité a droit aux fruits perçus par le défendeur possesseur de mauvaise foi, car les fruits augmentent
la succession : quand le défendeur était de bonne foi , il
n'était obligé de lui rendre les fruits que jusqu'à concurrence de ce dont il s'était enrichi : ces principes doivent
également s'appliquer à la *querela* , puisque le testament
étant rescindé, le défunt est réputé mort *ab intestat* et sa
succession se trouve , comme en matière de *petitio hereditatis*, possédée par le défendeur qui a été déclaré n'y avoir
aucun droit. (*cf* Arg. de la loi 16, *in fine, de inof. test.*).

Les lois 38, 39 *de hered. petit.* qui indiquent la manière
dont sont réglées entre le demandeur et le défendeur sur
petitio hereditatis les dépenses que ce dernier a faites sur
les biens de l'hérédité, doivent également être observées
en cette matière. Je pense aussi que la loi 31, §§ 1, 2,
doit être appliquée à la *querela* : cette loi permet au défen-

deur de bonne foi sur *petitio hereditatis* de déduire sur la succession qu'il remet au demandeur, ce qui lui est dû en vertu d'une obligation naturelle (1). — L'affinité qui existe entre la *querela* et la *petitio hereditatis* justifient, ce me semble, ces diverses solutions.

CHAPITRE VI.

DROIT DES NOVELLES.

Lorsque le Christianisme fut reconnu dans l'Empire Romain, les Empereurs devaient, plus que jamais, prendre soin des intérêts de la famille : la *patria potestas* avait perdu son autorité dominatrice : l'introduction dans la législation des divers pécules avait donné au fils une certaine liberté et lui avait reconnu certains droits. Justinien, rempli d'une juste sollicitude pour la famille, a refondu la matière de la *querela inofficiosi testamenti*, en y apportant certaines innovations qui furent en vigueur dans les pays de droit écrit, jusqu'à la fameuse loi de nivôse an II.

Justinien établit le taux de la légitime, fixa les causes d'exhérédation et établit la sanction des règles qu'il posait.

(1) V. sur le point de savoir si, en principe, l'obligation naturelle autorise la compensation, les ouvrages de MM. Machelard. L. 91. — et Massol p. 61, sur les Obligations naturelles.

I. Taux de la légitime. — S'il y a quatre descendants ou moins, la légitime est du tiers de la succession ; s'il y a plus de quatre descendants, elle est de moitié : mais si Justinien en augmentant le taux de la légitime eut une idée heureuse, l'exécution ne fut pas toujours aussi bonne que la pensée qui présida à cette innovation législative, car selon le nouveau tarif, chaque enfant, s'il sont quatre, n'aura qu'un douzième, tandis que s'ils sont au nombre de cinq, ils pourront prétendre à un dixième. (Novel. XVIII, cap. 1).

Justinien ordonna que le légitimaire fût institué comme héritier ; s'il est institué *ex certâ re*, il peut demander le complément de sa légitime, au moyen d'une action en supplément, *ex condictione testamenti* : dans l'ancien droit, au contraire, quoique l'action sur *querela* eût pour objet la rescision du testament tout entier, elle était fondée, non sur la privation du titre d'héritier (puisque le légitimaire ne pouvait intenter la *querela*, si le quart lui avait été laissé à titre de légataire ou de fidéicommissaire), mais sur la privation imméritée d'une portion de l'hérédité du testateur. (Nov. 115, cap. 34.)

Le légitimaire devait pouvoir se faire donner sa légitime, même en renonçant à la succession ; car, ce droit est pour lui un droit comme parent et non comme héritier *ab intestat* : ainsi, par exemple, en cas de renonciation ou d'exhérédation pour une cause prévue par la loi, la légitime de ceux qui acceptaient ne recevait pas, pour ce motif, un accroissement : ainsi la légitime devait être fixée d'après le nombre des légitimaires existant lors de l'ouverture de l'hérédité. (L. 8, § 8, *de inof. test.* et L. 6. C. *de inof. test. : nec obstat.* L. 17, h. t.) : on exprime cette proposition de la manière suivante : « *Exheredatus nume-* » *rum facit ad augendam et partem facit ad minuendam* » *legitimam.* » (*Mackeldey* ; *Vinnius*, cap. 21 ; Francke , pág. 212); la légitime était donc speciale et individuelle. — Mais, si de deux légitimaires dont l'un n'avait pas reçu le titre d'héritier dans le testament, et l'autre eût été exhérédé injustement, un seul attaquât le testament par la *querela*, il y aurait lieu à la dévolution de l'hérédité *ab intestat :* dans ce cas les règles de l'accroissement entre héritiers recevraient leur application ordinaire.

Justinien, en fixant la quotité de la légitime, ne parle que des descendants : faut-il appliquer la Novelle 18 aux ascendants et aux frères et sœurs (1) ? Aucun texte précis n'indique cette extension à ces deux classes de successibles ; mais, outre qu'on peut argumenter du § *in fine* de la Novelle ainsi conçu : « *Hoc observandum est in omnibus* » *personis in quibus ab initio antiquo quartæ ratio de inoffi-* » *cioso lege decreta est :* » ne peut-on pas dire que l'esprit éminemment législateur et libéral de Justinien a voulu, en organisant de nouveau la matière du testament inofficieux, avoir en vue l'ancien droit et s'occuper de la matière sous un aspect général ? Justinien, en effet, dans les nombreuses matières qu'il a réglementées, dans les nouvelles lois qu'il a promulguées, a toujours eu en vue les lois préexistantes : et, nous ne pouvons mieux faire que de placer ici les paroles de Vinnius : « *Quis verò credat* » *tot capita juris veteri à Justiniano tacitè abrogata qui* » *nunquàm solet quicquàm de jure veteri mutare, nisi cùm* » *expressâ mentione ejus juris quod abrogare constituit et* » *commendatione novi* (2) ? »

Il s'élève sur la quotité de la légitime une question des plus pratiques et des plus importantes : lorsque le *de cujus* a laissé pour héritiers un fils et plus de quatre petits fils

---

(1) La *querela* fut accordée aux frères utérins par la Novelle 118. *cf* Voët, liv. V, tit. 2, n° 9.

(2) *Vinnii selectæ quæstiones*, cap. 21. —

issus d'un enfant prédécédé, quelle est la quotité de la
légitime ? Devons-nous la fixer au tiers ou à la moitié de
la succession ? Elle doit, selon nous, être fixée au tiers de
l'hérédité, car le partage par souches était connu à Rome,
en matière d'hérédité dévolue aux héritiers siens; et, d'a-
près la Novelle 118, la représentation et le partage par
souches furent admis dans les successions déférées aux
agnats. M. Demangeat croit, au contraire (1) qu'à l'égard
de l'enfant du premier degré, la légitime doit être calculée
comme si son frère existait encore, de sorte que sa légitime devrait être du sixième, tandis que les petits-enfants
ont droit au quart: pourquoi cette différence de calcul
dans la légitime au cas où il s'agit d'un enfant et celui où
il est question de petits-enfants? L'opinion contraire me
semble préférable; j'invoquerai, à l'appui de ma solution,
le calcul qui avait lieu pour fixer la légitime des ascendants
sous Justinien. Lorsqu'il n'existait pas de descendants,
les ascendants prenaient l'hérédité : ceux de la ligne paternelle et ceux de la ligne maternelle se partageaient la succession, sans distinguer entre le nombre de ceux qui se
rencontraient dans la ligne paternelle et ceux qui composaient la ligne maternelle. Puisque les ascendants ont droit
à la même quotité de légitime que les descendants, comme
je l'ai admis ci-dessus, pourquoi prendrait-on en considération le nombre des petits-enfants qui doivent venir
par représentation de leur auteur, lorsqu'il s'agit de déterminer le chiffre de leur légitime? Comment M. Demangeat peut-il décider le contraire quand il décide, avec
raison, qu'à l'égard des descendants, la représentation
est toujours admise quand il s'agit de fixer leur part dans
la succession *ab intestat* et la part de la veuve pauvre (2)?

(1) Traité de Droit romain, t. 1, p. 706.
(2) Traité de Droit romain, t. II, p. 112.

— 48 —

L'opinion du Romaniste français est, néanmoins, professée en Allemagne, (V. Schœman, Weber, Schwœppe, contrà, Mackeldey, *manuel*, pag. 355, § 686 et Glück. Com. VII, 60).

Si celui qui a le droit d'intenter la *querela* ne veut pas ou ne peut l'intenter, l'héritier le plus proche après lui le peut-il ? Dans l'ancien droit, il ne le pouvait. Justinien accorda (l. 34, C. *de inof. test.*) au fils le droit de venir à l'hérédité, quand le père n'a pas intenté l'action ; mais lorsque le père a renoncé de son vivant à l'action d'inofficiosité, Justinien ne l'accorde pas. — La loi 31 D. *de inof. test.* ne prévoit que le cas de dévolution d'un ordre à l'autre (1).

La légitime devait être laissée aux légitimaires *ex ipsâ substantiâ patris* ; comment, en effet, le légitimaire auquel le titre d'héritier devait être laissé dans le testament n'aurait-il pas eu le droit de venir prendre dans la succession la partie des biens pour faire ou compléter sa légitime ? Elle devait également lui être complétée avec les biens du père et non de ceux qu'il avait pu acquérir par la substitution ou un droit d'accroissement sur un usufruit.

II. Justinien voulant asseoir la légitime sur des bases déterminées et ne voulant plus laisser le jugement sur *querela* à l'appréciation souveraine du magistrat, du *judex ordinarius* (2), fixa le nombre des causes légitimées d'exhérédation, et il en exigea l'expression dans le testament. Il existe quatorze causes pour lesquelles les enfants peuvent être exhérédés : les principales sont l'attentat à la vie de son père ; une accusation capitale portée sur lui ; la prohi-

<hr/>

(1) La question est très-débattue : *Cf* Pothier et Schulting.

(2) Sous les Empereurs chrétiens, nous ne trouvons aucun vestige des *centumvirs* : aussi Justinien L. 12, C. *de hered. petit.*, nous dit-il : « *Magnitudo et auctoritas centumviralis judicii non patiebatur.* — V. Bonjean (Traité des actions, p. 207, t. II).

bition à lui faite de tester; le non accomplissement, à son égard, des devoirs filiaux; le fait d'avoir pris le métier de gladiateur ou de comédien, et la participation ou l'affiliation à une bande d'empoisonneurs. La Novelle 115 mentionne sept causes légitimes d'exhérédation à l'égard des ascendants; et, la Novelle 22, §, *penult* indique comme motifs légaux d'exhérédation des frères ou sœurs, même quand on leur a préféré des personnes *turpes*, l'attentat à la vie, l'accusation d'un crime capital, la tentative faite pour lui enlever ses biens.

Justinien (L. 13, C *de hæreticis*) permit aux fils qui professaient la religion chrétienne, en observant l'orthodoxie, c'est-à-dire, les principes de dogme établis par les Conciles, de réclamer leur légitime dans l'hérédité de leur ascendant hérétique, malgré les justes motifs que celui-ci avait eus de porter contre son fils une sentence d'exhérédation : c'était, comme on le voit, engager à embrasser la religion chrétienne en établissant une loi attentatoire aux vrais principes de liberté, consacrer un principe de morale des plus contraires à ce que nous enseigne la religion chrétienne, et assurer l'impunité aux enfants qui n'auraient pas rempli, à l'égard de leurs parents, leurs devoirs filiaux. —Il ne faut pas s'étonner que de tels principes aient trouvé place dans un corps de droit. Depuis la révocation de l'édit de Nantes jusqu'aux derniers jours d'une royauté vermoulue et chancelante, la France n'a-t-elle pas été régie par des principes semblables ? En effet, les mariages des protestants n'existaient pas aux yeux de la loi; leurs femmes n'étaient que des concubines et leurs enfants des bâtards; ils n'héritèrent que par legs ou par personnes interposées; et, quand les collatéraux catholiques réclamèrent les héritages, les fils du mort furent judiciairement expropriés par les Parlements : des édits enjoignirent d'élever les enfants dans la religion de l'État, sous peine, pour les pa-

rents, de se voir enlever leurs enfants et de les voir placés
entre les mains d'étrangers ou dans une école catholique !
— C'est ce tableau qui inspire à un de nos meilleurs écri-
vains (1), comme philosophe et comme homme politique,
cette réflexion : « Tous les liens de la famille étaient à la
» merci du Gouvernement. »

III. — Nous avons maintenant à nous demander si le
défaut de mention des causes d'exhérédation vicie *ipso jure*
le testament ? La question est controversée. Si on adopte
l'affirmative, celui qui aura été exhérédé irrégulièrement
se servira de la *petitio hereditatis;* si on résout la question
négativement, ce sera la *querela* que le légitimaire devra
mettre en mouvement. Je crois que la négative est préférable. La Novelle 115 s'applique au testament du père comme
au testament de la mère : or, la mère exhérède par son
simple silence : la Novelle, ne distinguant pas entre le
testament de ces deux parents, n'exige donc pas, à
peine de nullité *ab initio* du testament, la mention des
causes d'exhérédation (2).

La Novelle 115, ch. 3, § 14 — ch. 4, § 8, eut pour
objet de consacrer une décision contraire à l'ancien Droit.
En cas de rescision du testament, les legs et les fidéicommis sortaient à effet; seule, l'institution d'héritier,
incompatible avec la dévolution de l'hérédité *ab intestat*,
était nulle.

On a beaucoup discuté sur le point de savoir si les ascendants étaient obligés, comme les enfants, de faire la
preuve de l'exhérédation imméritée prononcée contre eux.
Ces deux classes de parents doivent fournir la preuve de

(1) Jules Simon, *la Liberté politique*, p. 343 (éd. 1867).
(2) Vinnius, *sel. quest.*, cap. 21. — Demangeat, t. 1, p. 707.—
Vernet, *Quotité disponible*, p. 174.— Ducaurroy, t. 1, p. 66.— M. Humbert, à son cours, 1867 ; — *Contra* — de Wangerow, Savigny et
Bugnet.

l'injustice de l'exhérédation. La loi 28, C. I., *de inof. test,* ne doit pas avoir l'importance qu'on lui donne. La Novelle 115 ne distingue pas, en disant : « et, *cum causæ propter* » *quas, parentes aut liberi præteriti exheredari ne possunt,* » *expressæ sunt, adhuc debent ab heredibus probari,* » On peut également tirer un argument de la loi 3 D., *de inof. test,* qui ne fait aucune distinction. (*cf.* L. 5 D. h. t.)

CHAPITRE VII.

DES DONATIONS INOFFICIEUSES.

Le calcul de la quarte légitime se faisait de la même manière que celui de la falcidie. On prenait la fortune du défunt au *die mortis;* on faisait la déduction des frais funéraires, des dettes et des libertés laissées par le testament ; les biens laissés par legs étaient compris dans la masse, ainsi que ceux donnés à cause de mort (1), (L. 2. C. *de don. mort. caus.*) c'est-à-dire, donnés avec l'intention que ce ne soit qu'au décès du disposant que l'effet irrévocable et définitif se produise ou que le prédécès du donataire ou la volonté du donateur la révoque.

Nous ne voyons pas figurer dans la masse les donations entre-vifs : c'est, qu'en effet, ces biens ne se trouvaient

(1) Sur le caractère des donations à cause de mort. V. Pellat, *Textes choisis des Pandectes,* p. 153, 158, 159. Donations à cause de mort.

plus dans le patrimoine du défunt lors de son décès, et on considérait les héritiers *ab intestat* comme n'y ayant aucun droit; le testateur pouvait ainsi faire des donations excessives et épuiser toute sa fortune. L'an 550 de Rome, la matière des donations avait été réglementée par une loi *Cincia* qui avait fixé un certain *modus* que la donation ne devait pas dépasser. En vertu de cette loi, lorsqu'une donation avait été faite, au delà de la somme déterminée, à une personne *non excepta*, c'est-à-dire, à tous autres qu'aux parents du 5e degré, elle n'était parfaite qu'autant que le donateur avait réalisé la libéralité; jusque-là, il pouvait en paralyser les effets par une exception ou une réplique appuyée sur la loi *Cincia*. Si donc il avait promis, à titre gratuit, une chose *mancipi* mobilière, même par stipulation, il pouvait la revendiquer; enfin, si on lui opposait l'exception *rei donatæ* ou *traditæ*, il la paralysait par la réplique de la loi *Cincia;* mais lorsque le donataire avait possédé l'objet pendant la plus grande partie de l'année, le donateur ne pouvait revendiquer; dans ce cas, la loi *Cincia* était dite incomplète (fr. vat. § 266, 311, 313. Com. par M. Bucholtz). Si le *de cujus* ne possédait pas d'autres biens l'on conçoit combien les intérêts des héritiers *ab intestat* se trouvaient sacrifiés : aussi, Alexandre-Sévère introduisit-il, à l'égard des légitimaires, la *querela inofficiosæ donationis*, par un rescrit inscrit au Dig., L. 87, § 3; D. *de leg.* 2º ; et la Novelle 92 veut que le père assure aux autres enfants leur part légitime, eu égard à l'état de sa fortune au temps de la donation. La loi 4 C. *de inof. donat.* (V. *Frag. vat.* § 282.) permit au donateur qui avait donné trop de biens de demander la restitution *in integrum* (1).

---

(1) La plainte d'inofficiosité des donations n'était pas accordée quand la *restitutio in integrum* pouvait être exercée (L. 4 ; C. *de inof. donat.*, Bucholtz, p. 242.

Tels furent les moyens établis par les Empereurs pour protéger efficacement les droits de la famille.

Si le père avait donné entre-vifs à un étranger ses biens de manière à conserver la légitime à ses enfants, et que, postérieurement à cette donation il ait, pour frauder ses enfants, dissipé les biens qu'il s'était réservés, ses enfants n'auraient pas le droit de faire révoquer la donation.

Les donations *ante nuptias* et la dot fournie à la fille devaient être imputées sur la part de légitime dans la succession des ascendants qui les avaient payées. Dans le cas où c'était une charge vénale ou transmissible qui avait été donnée, elle devait être imputée sur la légitime (L. 30, § 2, *de inof. test.*). Il fut fait exception à l'égard des charges des chambellans de l'empereur. Cette exception se rattachait sans doute à la faveur dont les personnes attachées à la maison du prince ont toujours joui. Le légitimaire n'avait nullement besoin de faire adition d'hérédité quand il intentait la *querela inofficiosæ donationis.*

La *querela inofficiosæ donationis* était une action *in rem.* En effet, établie dans le même but que la *querela inofficiosi testamenti*, elle devait lui emprunter la plupart de ces caractères : certains la qualifient de pétition d'hérédité ou de revendication, et la donnent, non-seulement contre celui qui a été immodérément gratifié, mais aussi contre tout possesseur des choses données (Doneau, *Cours de jur. civ.*, L. 19, c. 11, § 19. — Bœhmer, *Doctrina de act.* — Glueck, l. c., p. 175.

Il existe entre la *querela inofficiosi testamenti* et la *querela inofficiosæ donationis* des différences notables; ainsi, la première est une pétition d'hérédité qui se donne contre celui qui a fait adition d'hérédité ou celui qui possède au lieu et place de l'héritier; elle a pour but la dévolution de la succession au profit de celui qui a été injustement exhérédé ou omis.

La *querela inofficiosæ donationis* est accordée sans distinction entre le cas où le donateur est décédé laissant un testament et celui où il est mort *ab intestat* : elle ne compète qu'à défaut de *restitutio in integrum*.

C'est une question fort controversée que celle de savoir si la donation tout entière est rescindée ou si le donataire ne doit être privé que d'une portion correspondante à la légitime des héritiers ; je n'hésite pas à déclarer que la donation n'est rescindée que jusqu'à concurrence de la légitime.

La *querela inofficiosæ donationis* a été établie à l'instar de la *querela inofficiosi testamenti* : toutes les lois font cette comparaison ; mais il existe, comme nous l'avons dit, de profondes différences entre ces deux actions : la Novelle 92, les § 271.280 fr. Vat, consacrent notre opinion ainsi que les lois 4, 7, 8 c. *de inof. donat.*, (arg. l. 29, D. *de usuris : nec obstat* l. 16, D. *de jure patronatus*) (1).

Il nous reste à examiner comment s'éteint la *querela inofficiosæ donationis* :

1° Elle s'éteint lorsque le *querelans* s'est montré ingrat envers le donateur ; et, l'on doit considérer comme motifs d'exclusion les causes d'ingratitude admises à l'égard de la *querela inofficiosi testamenti*.

2° Elle s'éteint lorsque le donataire étant une personne *turpis*, les légitimaires se sont montrés ingrats envers le donateur.

3° Elle ne peut plus être intentée lorsque après le décès du donateur le légitimaire a confirmé la donation : néan-

(1) Doneau liv. 19, cap. xi § xi. — V. *Dissertatio inauguralis in almâ litterarum universitate defensa ; Auctore Constantini Costis. Berolini.* — Contrà *Faber*, Accurse et Balde.

4

moins, on ne doit pas admettre la renonciation tacite fondée sur l'acceptation d'un legs ;

4° Elle s'éteint par suite du laps de temps qui s'est écoulé
à compter du décès du donateur : les cinq années, pour la
querela inofficiosi testamenti, courent au contraire à partir
du jour de l'adition d'hérédité.

Lorsque le légitimaire est mineur de vingt-cinq ans, le
délai de cinq ans ne court qu'à partir du jour où il a acquis
la *legitima ætas*.

CHAPITRE VIII.

Des Dots inofficieuses.

Bien que la dot ne soit pas pour le mari une donation
véritable puisqu'elle est constituée pour supporter les charges du mariage, elle n'attaque pas moins, quand elle est
immodérée, les droits des légitimaires, (C. liv. III, tit. 31,
Lex unica), aussi avait-on, dans cette loi, consacré les
droits des légitimaires, en leur permettant, lorsque tous les
biens des parents ont été épuisés en dot, d'intenter,
à l'exemple des testaments inofficieux, l'action de la dot
immodérée et de se faire restituer leurs droits « *et filiis
conquerentibus emolumenta debita conferantur,* »

L'action de la dot inofficieuse est également accordée si
la femme a donné en fraude de la loi Papia (qui exige que
l'époux survivant ne puisse recueillir plus de la dixième

partie du patrimoine de son époux prédécédé) à son mari une portion plus forte que celle permise par les lois *(Ulp. frag.* xv *de decimis).*

D'après la Novelle 22, chap. 27, si les parents qui ont des enfants d'un premier mariage passent à des seconds ou subséquents liens, le père ne peut donner à sa nouvelle épouse ni la femme à son second mari, par donation entre vifs ou à cause de mort, au delà de la portion que l'enfant du premier lit de l'un ou de l'autre sexe a à prétendre : et s'il y a plusieurs enfants qui succèdent par égales portions, le beau-père et la belle-mère ne peuvent recevoir plus que chacun d'eux ; ce qui leur est donné au delà de la portion fixée par la loi sera considéré comme non avenu ; et, cet excédant sera partagé par égales parts entre les enfants : cette dernière phrase de la Novelle xxii, ch. 27, nous sert encore d'argument pour prouver que la révocation d'une donation immodérée n'a pas lieu *totaliter,* mais jusqu'à concurrence seulement de la légitime des héritiers.

— Telle est la matière de la plainte d'inofficiosité qui tient à la haute philosophie du droit, à la morale (1), à l'économie sociale, à la législation, qui tient à tout, parce qu'elle regarde la famille qui est la base de la société elle-même. Certains Romanistes ont soutenu que le Droit Romain n'avait pas été favorable à la liberté ; il est vrai que l'ensemble de droit des personnes dans les institutions juridiques romaines n'était pas empreinte du caractère

_____

(1) « L'établissement d'une légitime, c'était le renversement légal de » l'arbitraire paternel, c'était la consécration de ce sentiment naturel qui » nous porte à considérer les enfants associés aux travaux du père et son » plus cher mobile dans tous ses labeurs, comme les copropriétaires » destinés par les lois à recueillir cette fortune que le père n'eût point » amassée sans l'espoir si doux de la laisser après lui, » — (Laboulaye, Recherches sur la condition civile des femmes, ch. iv, section iv, p. 22).

de liberté que réclamait l'Empire Romain ; mais il se rencontre, dans le Droit de Rome, certaines institutions qui ont dû exercer la meilleure influence sur la société et la légitime est assurément de ce nombre.

Je clos ici ce travail pour commencer celui sur le Droit Français, sujet non moins digne d'étude, car il se rattache à l'institution la plus grande et la plus sainte, le mariage.

DEUXIÈME PARTIE.

DROIT FRANÇAIS.

DES DONATIONS FAITES AUX FUTURS ÉPOUX PAR CONTRAT DE MARIAGE (1081-1090, COD. NAP.).

INTRODUCTION.

Le législateur du Code Napoléon a entouré le mariage de la plus grande protection : il lui a attaché les effets les plus importants. Il en a fait un acte purement civil et a supprimé, pour sa validité, la nécessité de l'acte religieux ou de la profession de la religion catholique.

Toutes les dispositions de notre Code civil sont, en effet, empreintes de la plus vive sollicitude pour cet acte si important de la vie : le choix que les futurs époux peuvent faire du régime qui doit gouverner leurs intérêts pécuniaires nous en donne une nouvelle preuve : enfin, les règles qui régissent les donations qui peuvent se faire aux futurs époux sont spéciales et diffèrent sensiblement de celles auxquelles sont soumises les donations ordinaires : c'est, qu'en effet, la liberté dans les donations encourage puissamment au mariage : il incombe aux futurs époux des charges de toute nature, sans nombre, qu'ils ne peuvent pas toujours acquitter au moyen de leur travail ou de leurs ressources particulières : aussi la loi se montre-t-elle, à l'égard des donations faites aux futurs époux par contrat de mariage, d'une bienveillance extrême; elle permet aux donateurs d'apposer à leurs libéralités toutes les conditions qui leur plaisent, pourvu qu'elles ne soient pas contraires à l'ordre public et aux bonnes mœurs: la règle *donner et retenir ne vaut* n'existe pas à l'égard de ces donations, et l'article 1086. C. N. pousse jusqu'aux dernières limites la liberté des donateurs.

Les époux peuvent recevoir 1º des donations de biens présents (art. 1081. C. N.) qui leur transportent une propriété irrévocable. (art. 1081. comb. avec l'art 894. C. N.); 2º des donations qui ne leur confèrent actuellement aucun droit sur les biens du donateur, mais qui leur assurent sa succession ; 3º des donations dites cumulatives de biens présents et à venir (1084. C. N.); 4º des donations à l'égard desquelles le donateur jouit de la plus grande liberté et auxquelles il peut apposer toutes les conditions, (art. 1086. C. N.).

Nous diviserons, comme suit, cette matière, en nous efforçant de mettre à côté des principes la solution des principales questions controversées.

CHAPITRE UNIQUE.

RÈGLES COMMUNES A CES DONATIONS.

I. L'une des conditions auxquelles le législateur a soumis la validité d'une donation entre-vifs est l'acceptation expresse exigée par l'art. 932, C. N. ; mais ici, la loi abandonne sa sévérité en disant (art. 1087. C. N.) que les donations faites par contrat de mariage ne pourront être déclarées nulles sous prétexte de défaut d'acceptation : le concours, la présence au contrat de mariage du donateur et du donataire suffisent pour la validité de toute donation qui y serait insérée : les futurs époux, en effet, en faisant l'acte qui règle leurs conventions matrimoniales, acceptent implicitement toutes les conventions qui doivent les aider à supporter les charges du mariage : ainsi que le dit Boucheul : « l'exécution et l'accomplissement du mariage opè-
» rent la même chose qu'une acceptation formelle. »

II. Tandis que le donateur, en faisant une donation ordinaire n'est nullement obligé d'exprimer le mobile de sa libéralité, toute donation insérée dans un contrat de mariage est considérée par la loi faite à cause du mariage : aussi déclare-t-elle que toute donation faite par contrat de mariage est caduque, si le mariage en considération duquel elle a eu lieu ne s'ensuit pas.

III. Malgré l'insigne faveur que la loi attache aux dispositions faites aux futurs époux, ces donations sont toujours, à la mort du donateur, réductibles à la quotité disponible : en effet, la réserve est une institution participant d'un principe nécessaire, absolu, qui ne saurait être atteinte par une cause quelconque, quelque caractère favorable qu'elle puisse revêtir : c'est en partant de cette idée que la loi les déclare révocables pour survenance d'enfants.

IV. Comme il ne faut pas que les ressources de la société conjugale qui ne s'est peut-être établie qu'à cause des libéralités qui lui étaient faites dans le contrat qui a réglé ses droits pécuniaires, puissent diminuer par suite de faits d'ingratitude dont le donataire se serait rendu coupable, l'art. 959 C. N. déclare qu'à leur égard, l'ingratitude ne sera jamais une cause de révocation.

V. Ces donations sont caduques (sauf la donation de biens présents) si le donateur survit à l'époux ou à sa postérité ; ainsi, tandis que la donation entre-vifs ordinaire transporte au gratifié un droit irrévocable, transmissible à tous héritiers, les donations contractuelles n'ont pas un effet aussi absolu : la loi, en permettant de nombreuses exceptions en leur faveur, ne les établit qu'à l'égard de ceux que le mariage intéresse, les époux et leurs enfants.

VI. Ces donations sont caduques (art. 1088, C. N.), si le mariage ne s'ensuit pas : et, notons-le ici, cette condition n'est pas une condition ordinaire, de la classe de celles prévues par l'art. 1181, C. N. : c'est une condition essentielle, d'un caractère particulier, à peu près comme l'acceptation fait seule produire effet à une donation ordinaire.

VII. Dans le cas de l'annulation du mariage, ces donations ne subsistent pas; et, l'on va même plus loin, en décidant que dans l'hypothèse de l'annulation du contrat de mariage, l'on ne doit tenir aucun compte des donations qu'il renferme (1). En effet, toutes les clauses d'un contrat de mariage se lient intimement entre elles : elles sont indivisibles, corrélatives : ces donations sont souvent faites à cause du régime adopté par les futurs époux : toutefois si, malgré l'annulation du contrat de mariage, le donataire possédait les biens pendant trente années, il pourrait les acquérir par la prescription, et je pense qu'il faudrait décider qu'en cas de possession pendant trente ans, cette donation ne pourrait être attaquée par voie de réduction.

Ainsi, toutes les donations contenues dans le contrat de mariage infecté de quelque vice sont comme non avenues : comment la charte matrimoniale pourrait-elle être nulle pour partie et valoir pour l'autre ? Ce serait, comme on l'a dit, une loi boiteuse : or, quand une loi votée porte dans quelqu'une de ses parties atteinte à l'égalité des citoyens devant la loi, peut-on la scinder ? Annuler les parties qui seraient contraires à l'intérêt général et conserver celles dont le vote paraîtrait favorable à la nation ? Non, assurément : eh bien ! il doit en être ainsi de toutes les clauses d'un contrat de mariage qui viendrait à être annulé : il faut donc dire avec M. Bertauld, (op. cit. p. 488) : « L'anéan- » tissement partiel de la loi domestique tromperait les fa- » milles, et, de même que cette loi est nulle ou valable » vis-à-vis de tous, elle est pour le tout nulle ou valable » d'une manière absolue. »

Si le mariage était attaqué sans qu'on se pourvût directement en nullité du contrat, je crois qu'il faudrait tenir compte de la bonne foi des époux : le mariage déclaré nul

(1) Bertauld. — Questions pratiques et doctrinales sur le C. N. (1867) nos 610, 618, 621.

produit, en effet, aux termes de l'art. 201, C. N., des effets civils, tant à l'égard des époux qu'à l'égard des enfants, lorsqu'il a été contracté de bonne foi (1).

VIII. Toutes ces donations doivent, à peine de nullité, être passées comme le contrat qui les renferme et qui leur communique la vie ou le bienfait de certaines exceptions devant notaires : le deuxième notaire n'est pas obligé d'assister à la lecture du contrat : la loi de 1843 n'exige cette formalité substantielle que dans les actes de donations ordinaires : elle a voulu ainsi parer à la captation ou à la suggestion que l'on voudrait exercer sur le donateur ; et, l'on comprend, dans ce cas, la présence du second notaire ou des témoins : mais à l'égard des donations consignées dans un contrat de mariage, il n'y a pas à redouter cette clandestinité et l'obscurité : un contrat de mariage se fait, en général, en présence des familles des deux époux : il est signé par leurs amis, leurs plus proches parents ; ensuite le mariage qui va suivre porte en lui un caractère trop sacré, trop désintéressé pour qu'on puisse même supposer que les futurs époux aient abandonné la pureté ' la délicatesse qu'ils doivent avoir aux approches de cet acte, pour exercer sur l'esprit des donateurs un certain ascendant : ce point fut, d'ailleurs, parfaitement mis en lumière par MM. Hébert et Dufaure, à la Chambre des députés, lors de la discussion de la loi, et c'est ce qu'admettent les principaux jurisconsultes et la pratique du notariat.

IX. Le mandat pour consentir une donation par contrat de mariage doit être donné par-devant notaires : on doit le décider par argument de la donation ordinaire à l'égard de laquelle on l'exige généralement : ce mandat notarié sauvegarde ainsi la liberté et l'indépendance du donateur qui

(1) Bertauld, loc. cit. p. 187

doit, pour les donations contractuelles être plus protégé
que tout autre donateur, puisque cette donation le prive
souvent de faire un testament et l'oblige à la garantie quand
elle est de biens présents (1) ; et, puisque c'est par argument de l'art. 933, C. N., que nous exigeons du donateur
une procuration notariée, continuant jusqu'au bout cette
assimilation, nous devons prescrire également que c'est
l'expédition de la procuration qui doit en être délivrée et
qu'annexe doit en être faite au contrat de mariage.

X. Le donateur de biens présents doit garantie et les
intérêts à compter du jour de la donation, s'il n'y a pas eu
mise en possession actuelle du donataire : ces deux exceptions aux règles des donations ordinaires se conçoivent parfaitement ; car, autrement, les futurs époux se trouveraient
étrangement trompés, puisque peut-être ils n'ont réalisé
leur union qu'à cause des donations qui ont été faites et
des revenus qu'ils espéraient pouvoir toucher : il faut décider que la garantie et les intérêts, à moins de stipulation
contraire, sont dus aussi bien par un constituant étranger
que par les père et mère des futurs époux donataires.

(1) Arrêt de 1847. (Sirey, 1, 280). — Dalloz, (1854, 1, 40).

CHAPITRE I.

DES DONATIONS DE BIENS PRÉSENTS.

L'art. 1081 permet de faire aux époux des donations de biens présents dont l'effet est de leur en transporter actuellement et irrévocablement le bénéfice : le futur époux donataire acquiert, dès le moment même de la donation, un droit qui entre dans son patrimoine et qu'il transmet à ses héritiers quels qu'ils soient, à quelque classe qu'ils appartiennent.

Toute personne a le droit de faire une donation de biens présents. Le mari peut donner (art. 1422, C. N.) les immeubles de la communauté pour l'établissement des enfants communs : et, même la jurisprudence et la doctrine décident que la donation faite au profit d'un étranger par le mari et la femme conjointement, est valable : car, l'incapacité que crée l'art. 1422 est établie seulement dans l'intérêt de la femme ou de ses héritiers, et aucun principe ne peut s'opposer à ce qu'elle puisse les donner à un tiers (1) : La Cour de Cassation, par un arrêt récent (2) vient de décider que, peu importe qu'il s'agisse d'acquêts

(1) Paris, 1861. (Pal. 1862, 2, 65). — Toulouse, 24 mars 1866. (Pal. 1867, 87).

(2) Cas. (Pal. 1868, 1, 87).

dont le contrat de mariage des époux donateurs assurait au survivant la propriété. Comprendrait-on, en effet, que la femme fût plus protégée dans les droits qu'elle *pourra avoir* sur les conquêts, que dans les droits qu'elle *a* sur ses propres biens qu'elle peut aliéner à titre gratuit avec le consentement de son mari (1)? Cette donation doit être faite directement aux futurs époux : elle ne peut l'être directement au profit des enfants à naître de l'union qui va s'accomplir : en effet, comment la donation, qui suppose nécessairement deux personnes, pourrait-elle s'adresser à quelqu'un qui n'existe pas, qui peut-être ne viendra jamais à la vie, que le donateur ne connaît pas, avec lequel il n'est pas dans ces relations que suppose toute donation ?

Le Code Napoléon, en décidant ainsi, a voulu rompre, sur ce point, avec l'ancienne législation qui, imbue des principes aristocratiques, permettait au donateur de faire sa libéralité directement aux enfants à naître, en sorte que le bénéfice de la donation n'était qu'un dépôt entre les mains des époux : si le donateur craint que l'émolument de la donation ne vienne à disparaître et que le donataire, par ineptie ou mauvaise administration, ne vienne à le perdre, il peut l'assurer aux enfants à naître, s'il se trouve dans les cas prévus par la loi, au moyen d'une substitution fidéicommissaire (1048).

Les biens donnés peuvent consister en immeubles, meubles, capitaux, créances : si ce sont des meubles qui sont donnés, un état estimatif signé du donateur et du donataire, ou de leurs mandataires, doit être annexé à la donation (948 C. N.).

La donation peut consister également en une somme

_____

(1) *Sic.* (Mourlon, t. III, p. 51, note 1. — *Contrà* M. Rodière, Cont. de Mar., t. 1, n° 662. — Marcadé, art. 1122.

payable au décès du donateur : on a, toutefois, contesté le caractère de donation de biens présents à une libéralité semblable ; mais ce caractère doit lui être acquis : le droit à cette somme est actuellement né ; il fait partie des biens du donataire qui peut le céder, le vendre comme tout droit qui est en sa possession : c'est un droit *ad pecuniam* pour lequel hypothèque peut être consentie, dont le donataire peut exiger le payement dès que le donateur aura, par son fait, diminué les sûretés de son créancier et pour le maintien duquel il peut faire des actes conservatoires (art. 1188 Cod. Nap.) : il faut ajouter que, pour qu'une donation ainsi conçue soit une donation de biens présents, il n'est nullement besoin qu'il y ait eu, lors de la donation, constitution d'hypothèque, qu'il ait été dit que le donateur se réserve l'usufruit de la somme donnée, ou que la somme donnée existât réellement lors de la donation.

Je pense, au contraire, que la donation d'une somme payable sur les plus clairs deniers de la succession du donateur, ne pourrait être rangée parmi les donations de biens présents, et qu'elle ne serait qu'une institution contractuelle à titre particulier, admise en faveur du mariage et nulle dans une donation ordinaire (art. 943, Cod. Nap.); l'époque du décès ne serait plus ici prise comme fixation du payement ; ce serait la succession qui serait seule débitrice de cette somme, et le donateur n'en aurait jamais été personnellement débiteur. Ce qui prouve la différence qui existe entre ces deux libéralités, c'est que, outre qu'elle est admise par la plupart des jurisconsultes, l'Administration des domaines perçoit, lors de l'enregistrement du contrat de mariage, le droit proportionnel de donation sur la première, et ne perçoit sur la seconde qu'un droit fixe.

Pour que la donation de biens présents jouisse de la faveur attachée aux donations faites en faveur du mariage, il ne suffit pas qu'elle soit faite en vue de faciliter le mariage du donataire, il faut qu'elle soit faite en vue d'un mariage déterminé ; c'est ainsi qu'un arrêt, intervenu dans une affaire très-importante, a décidé qu'une donation, bien que faite en vue de faciliter le mariage du donataire, est soumise à la révocation pour cause d'ingratitude, si elle n'a point été faite en faveur et comme condition d'une union déterminée et convenue (1).

Le donateur peut, lors de la donation, se réserver le droit de retour sur les biens donnés ; et, ce qui prouve une fois de plus les exceptions de faveur introduites à l'égard des donations par contrat de mariage, c'est que, aux termes de l'art. 952, Cod. Nap. : « Les biens donnés, le re- » tour conventionnel venant à s'effectuer, restent frappés de » l'hypothèque de la dot et des conventions matrimoniales, » si les autres biens de l'époux donataire ne suffisent pas, » et dans le cas seulement où la donation lui aura été faite » par le même contrat de mariage, duquel résultent ces » droits et hypothèques. »

La donation de biens présents, pour jouir des autres immunités attachées aux dispositions en faveur du mariage doit être consignée dans le contrat de mariage lui-même, ou dans un acte antérieur au mariage ; si, dans cet acte, il n'était pas dit que la donation est faite en faveur du mariage, ce serait aux magistrats à le décider ; ils s'appuieraient sur les faits particuliers de la cause et sur des présomptions graves, précises et concordantes (art. 1353, Cod. Nap.).

La Cour impériale de Paris a eu à juger, dans ces dernières années, un procès très-intéressant, roulant sur la question suivante : un père qui a fait, par contrat de mariage, une donation à son fils mineur de vingt-un ans, peut-il, revenant sur le consentement donné par lui à

(1) Bordeaux, 15 février 1849, af. de Saint-Garraud, c. Dujoh, Dalloz, 1850, 2. 0.

l'union projetée, et dans l'intervalle de la signature du contrat de mariage à la célébration, révoquer cette donation, lorsque au moment où elle a eu lieu la plupart des faits qui motivent le retirement de son consentement étaient connus de lui en grande partie ?

Telle est la question toute nouvelle en droit et sur laquelle nous allons insister (1). — Un jeune homme de vingt-un ans demanda à son père son consentement en mariage : le père prit des renseignements sur la famille de la jeune fille ; quoique peu satisfaisants, il accorda son consentement et fit à son fils, par contrat de mariage, une donation de biens présents : plus tard, le père ayant pris de nouveaux renseignements sur la famille à laquelle allait s'allier son fils et, les ayant recueillis des plus mauvais, retira son consentement et forma opposition au mariage. — Mais le fils atteignit l'âge de vingt-cinq ans et fit signifier à son père des actes respectueux : ce dernier demanda l'annulation de la donation qu'il avait faite : il fut écarté par la Cour de Paris qui, selon nous, rendit un arrêt conforme à la lettre de la loi et à son esprit. L'art. 1088, Cod. Nap. qui subordonne la validité d'une donation faite en vue d'un mariage à la réalisation du mariage, n'entend parler que de la célébration du mariage lui-même : peu importe que le père y ait consenti ou que le futur époux ait eu recours aux actes respectueux, pourvu qu'il se célèbre conformément à la loi : en vain, dirait-on, que le père donateur, en faisant la libéralité ne la faisait que comme conséquence du consentement qu'il donnait et que, retirant son autorisation, la donation tombe également ; qu'il y a entre ce consentement d'un côté, et la donation de l'autre, un rapport de cause à effet, et que la maxime bien connue *cessante causâ, cessat effectus*, doit ici recevoir son application :

(1) V. *Gazette des Tribunaux* du 5 mars 1861.

8

ces raisons ne doivent pas l'emporter sur cette considération que le mariage se faisant, on ne peut dire que la réalisation de la condition n'ait pas eu lieu ; en vain invo-
querait-on l'art. 1178 Cod. Nap. : décider autrement, serait
ouvrir la porte à la ruse et au mensonge qui doivent être
écartés , autant que possible , de la matière actuelle.

Un dernier point me reste à examiner : c'est celui qui
consiste à savoir quel est le caractère de la constitution
dotale de biens présents ? Doit-elle être considérée, à l'égard
des deux futurs époux , comme un contrat à titre onéreux
ou à titre gratuit, ou bien doit-elle être considérée seulement
à l'égard du mari comme un contrat à titre onéreux , le
caractère d'acte à titre gratuit lui restant vis-à-vis de la
femme ? A Rome, on ne considérait pas la dot comme une
donation pure : Dumoulin non plus ; elle n'est pas, en
effet, comme une donation ordinaire destinée à augmenter la fortune du donataire ; mais elle contribue à alléger,
pour le donataire , le poids des charges sans nombre qui
vont lui incomber. Or, si c'est là son caractère, sa destination, comment dire qu'elle est un contrat à titre gratuit ?
Elle diffère de ce dernier contrat, car le donateur est sujet
à la garantie ; il doit les intérêts à compter de la célébration du mariage : la donation à titre de dot n'est pas révocable pour cause d'ingratitude : elle est caduque, si le
mariage ne s'ensuit pas : il faut donc décider avec la jurisprudence romaine, Furgole et la généralité des auteurs,
qu'elle est vis-à-vis du mari un contrat à titre onéreux ,
que par conséquent le mari ne peut être attaqué, avec
succès par l'action Paulienne, qu'autant qu'il a été personnellement de mauvaise foi (1) ; j'admettrais cette solution vis-à-vis de la femme : si on admet le caractère de

(1) Cas. 31 janvier 1848. — Dalloz , 1847, 1, 211. — 1850, 2, 180. —
1850, 2, 104. Ce dernier arrêt juge que la future qui a participé à la
fraude ne peut s'opposer à la nullité sous prétexte qu'elle était mineure
au temps de la constitution contractuelle.

contrat à titre onéreux vis-à-vis du mari, il faut bien
l'admettre vis-à-vis de la femme qui doit avoir autant de
droits que le mari sur les biens donnés, si même elle n'en
a pas plus : je n'admettrais donc pas avec M. Troplong
que les créanciers puissent poursuivre la femme donataire
de bonne foi, sur les revenus même de ses biens para-
phernaux. — D'ailleurs, l'art. 1167, Cod. N., en permettant l'action Paulienne, réserve le cas de dispositions par
contrat de mariage et des droits respectifs des époux : décider le contraire, ne serait-ce pas protéger un intérêt
particulier pour porter atteinte à des intérêts bien plus
dignes de protection, frapper la famille qui est née ou qui
va naître, et faire peser sur elle le manque de délicatesse
ou la faute de leurs parents?

Il nous faut également donner la même décision si la
donation par contrat de mariage a eu lieu depuis l'époque
fixée pour l'ouverture de la faillite, ou dans les dix jours
qui ont précédé cette ouverture. Ce n'est pas l'article 446
C. C. qui doit servir à résoudre cette question ; mais bien
l'art. 447 C. C. — M. Demangeat (1) croit que l'art. 446
est formel, et que par cela seul qu'un acte est à titre gratuit, il est nul de plein droit. Comment M. Demangeat,
qui considère la donation faite *dotis causâ* comme un acte
à titre onéreux vis-à-vis du mari, peut-il décider, parce
qu'il se trouve en matière de faillite, que l'art. 446 C. C.
est absolu? S'il admet le caractère d'acte à titre onéreux
de la dot comme un principe, ce principe doit être également vrai sous tous les points, et il ne peut recevoir
d'exception qu'autant qu'il existe un texte formel. Or,
l'art. 446 C. C. ne contient pas un texte assez absolu pour
que l'opinion que j'ai émise ci-dessus puisse changer quand
je me trouve en matière de faillite, à laquelle on doit faire
l'application des principes du droit commun.

(1) Traité de Droit commercial, t. V. p. 218, 219 et les notes.

CHAPITRE II.

DE LA DONATION DE BIENS A VENIR.

L'art. 943 C. N. défend de donner ses biens à venir, et la loi ne déroge à cette prohibition qu'en faveur du mariage : le législateur, en déclarant l'irrévocabilité des donations, a voulu aussi que l'objet qui forme le montant de la libéralité fût déterminé et qu'il ne fût pas aisé au donateur de le faire disparaître à sa volonté, ou qu'il lui fût possible de ne pas l'acquérir (1). La protection due au mariage fait seule plier cette règle : malgré toute la satisfaction que peut procurer un mariage à ceux auxquels les futurs époux sont chers, on peut ne pas vouloir leur don-

(1) Sur ce point, je laisse parler M. Huc dans son ouvrage si justement recherché : Le Code civil italien et le Code Napoléon ; Études de législation comparée , p. 240 : « Quels abus n'entraînerait pas la faculté » de donner ses biens à venir , si jamais une telle disposition pou- » vait trouver place dans nos Codes? Des libéralités de ce genre, peu » coûteuses assurément pour leurs auteurs , deviendraient surtout un » coupable moyen d'influence, et permettraient d'exploiter les donataires » assez naïfs pour les accepter sérieusement. Et cependant , c'est pour » consacrer de pareilles inanités qu'on invoque le grand principe de la » liberté des conventions ! Mais pourrait-on dire : les tribunaux inter- » viendront pour empêcher ces abus ? En effet, le résultat le plus clair » de ces considérations serait d'augmenter singulièrement les procès , » et de mettre journellement les tribunaux dans la nécessité de consa- » crer les déplorables effets de l'imprudence du législateur. »

ner ses biens présents ; car une semblable donation entraîne
toujours un dépouillement actuel , ou empêche celui qui
aurait ainsi donné ses biens d'en disposer à titre onéreux.
Il fallait donc favoriser le mariage en permettant à ceux
qui veulent faire des libéralités aux époux de leur donner
toute ou une partie de leur succession : de cette manière ,
le donateur reste en possession de ses biens pendant sa vie,
conserve à leur égard le pouvoir de les aliéner à titre onéreux, et l'époux donataire a la certitude que lui ou ses
enfants recueilleront la succession du donateur.

SECTION Iʳᵉ.

De l'institution contractuelle dans l'ancien droit.

§ Iᵉʳ. — *Origine de l'institution contractuelle.*

Aucun point de l'histoire du Droit français n'a été aussi
controversé que l'origine de l'institution contractuelle; nos
anciens jurisconsultes étaient eux-mêmes divisés sur cette
question , mais nous pouvons dire qu'aujourd'hui le jour
s'est fait, et qu'on attribue à la donation de biens à venir
permise par l'art. 1082, C. N., une origine germanique.
Trois systèmes se sont produits : les uns, toujours favorables au Droit romain, l'attribuaient à ce droit ; les
autres soutenaient qu'elle venait du Droit féodal ; d'autres
enfin, dans un système que nous soutiendrons, la font remonter au Droit germanique.

1ᵉʳ *Système.* — A Rome , tout pacte sur succession future était expressément défendu (1). Le droit de tester était

_____

(1) L. 18, Code *de pactis.* — L. 5, Code *de col.*

considéré comme la faculté la plus précieuse, et à laquelle il n'était permis de renoncer : c'est ainsi que les empereurs Dioclétien et Maximin, interrogés sur l'effet d'une clause insérée dans un contrat de mariage par une femme qui donnait tous ses biens à son mari, répondirent qu'elle ne pouvait valoir ni sortir à effet (1). Mais arriva une époque à laquelle certains pactes sur succession furent validés : ainsi, dans les Novelles de Léon le Philosophe (2) se trouve confirmée une espèce d'institution contractuelle : un père assure à son fils, par contrat de mariage, la part à laquelle il aura droit dans son hérédité ; or, dit-on pour le soutien de ce système, quand le droit de Justinien passa en France, au XIIe siècle, les constitutions de Léon y passèrent également, et c'est à cette époque que les institutions contractuelles y furent connues. On peut opposer à un tel raisonnement une conjecture des plus plausibles et un argument des plus convaincants; la conjecture est celle-ci : Comment est-il possible que le mariage n'ait pas fait admettre, à une époque antérieure à l'introduction des Novelles de Léon en France, de semblables conventions ? Ensuite, les Novelles de cet empereur ne furent véritablement bien connues en France qu'au XVIe siècle, grâce à la traduction qu'Agylœus et Scringer en donnèrent, et dont la date est de beaucoup postérieure à l'introduction des institutions contractuelles qui sont mentionnées dans les Etablissements de saint Louis, ch. 118, et dans les notes de Charondas sur *Bouteiller* (*Somme rural*) (3), et

---

(1) L. 5, Code *de pactis super dote*.

(2) L. 19, Code *de pacto paterno*.

(3) Etablissement de saint Louis, ch. 115 (du Don fait par mariage aux enfants qui en naîtront). Ce chapitre, qui est très-précis, est ainsi conçu : « S'il arrivait qu'un gentilhomme mariât sa fille, et qu'il vînt à » la porte de l'église et dit : Sire, je vous donne ma fille et telle por- » tion de ma terre pour vous et les enfants qui naîtront de votre ma-

qui, lors de la rédaction des coutumes, avaient pris place dans toute la France, comme nous le rapporte Mazuer, l'un de nos plus anciens praticiens (1).

On s'est encore rattaché, pour faire triompher ce sys-tème, à la loi 19 C. *de pactis.* Cette loi nous montre que deux personnes y peuvent faire cette convention, que celle qui survivra succédera à l'autre. On a prétendu que cette

» riage ; s'ils ont des enfants, et qu'après la mort du père, leur mère
» vienne à se remarier, et ait des enfants de son second mariage, et
» qu'à la mort de leur mère, les enfants du second lit disent à l'aîné
» du premier : partageons la terre de notre mère ; l'aîné leur ré-
» pondra : je n'en ferai rien ; car elle a été donnée à mon père et à ma
» mère et aux enfants qui naîtront d'eux, et je suis tout prêt de le
» prouver. S'ils refusent de le croire sur sa parole, il conviendra en
» appeler au témoignage de trois ou quatre personnes dignes de foi qui
» aient été présentes au mariage qui jureront que cette terre n'a été don-
» née, lors du mariage, qu'au père, à la mère et aux enfants qui nai-
» tront d'eux ; après quoi la terre restera à l'aîné. » (*Traduction.*)
   Ce chapitre des Établissements nous montre donc l'institution contractuelle avec les caractères qui la distinguent : 1° Elle est faite par contrat
de mariage, qui se faisait verbalement devant le moustier, c'est-à-dire
à l'église paroissiale ; 2° elle est irrévocable comme la donation ; 3° elle
ne peut être faite qu'aux futurs époux et aux enfants qui naîtront
de l'union, « au père et à la mère, et aux hoirs qui de eus deus
istraient. »
   Le jurisconsulte Louis Charondas, sur la *Somme rural* de Bouteiller,
p. 304, note 1, s'exprime ainsi : « Par le Droict romain, la paction
» que fait aucun par contract de mariage qu'aucun soit son héritier, soit
» en tout ou en partie, est réprouvée et réputée estre contre les bonnes
» mœurs, parce qu'elle oste la liberté de faire testament, comme est
» aussi la stipulation : mais tel droict a été abrogé par la constitution
» dix-neuvième de l'empereur Léon, lequel veut la paction que faict le
» père pour faire succéder ses enfants également soit gardée ; et par le
» Droict français, dès longtemps introduict entre les nobles, *comme*
» *témoigne mon vieil praticien,* et depuis entre toutes autres person-
» nes, la paction de la future succession faite en considération et res-
» pect du futur mariage, est reconnue, approuvée et ordinairement pra-
» tiquée ; et aucuns adjoustent qu'elle est aussi valable pour cause de
» société de tous biens. »

   (1) Practique de Mazuer mise en français, p. 390, 454, 474. — Mazuer
est mort à Riom en 1450.

convention permettait l'institution contractuelle; mais on
peut répondre qu'il s'agit dans cette loi d'un testament
mutuel fait dans le même acte par deux soldats, et que,
comme les soldats étaient privilégiés, qu'à leur égard la
loi civile ne s'appliquait pas dans tous les cas, cette loi ne
statue que sur un cas exceptionnel, particulier, ne pouvant, par conséquent, rien faire préjuger sur le point de
savoir si l'institution contractuelle pouvait être pratiquée
par la masse des citoyens. — Ainsi, rien n'indique que la
convention mentionnée dans la loi 19, C. *de pacto paterno*
ne pût être faite que par contrat de mariage, et que celle
indiquée dans la loi 19 C. *de pactis*, jouit du bénéfice de
l'irrévocabilité, caractère essentiellement attaché à l'institution contractuelle dans notre ancien Droit, tant dans les
pays de coutumes que dans nos pays de Droit écrit.

Tel est le système admis par le coutumier de Normandie
Basnage et Furgole : on doit le repousser, car les lois qu'on
invoque à son appui ne statuent que sur des cas exception-
nels; et si les institutions contractuelles avaient existé dans
l'empire romain, les Novelles de Léon ne seraient-elles
pas plus explicites sur ce point? L'admission d'une telle
institution n'eût-elle pas opéré une véritable révolution dans
la matière des donations et des testaments? et pourtant
rien ne nous l'indique.

2e *Système.* — Un second système les rattache au droit
féodal. On voit au livre II, t. 29 (*de feudis*), *de filiis natis ex
matrimonio ad morganaticam contractam*, que celui qui se
remariait et épousait une femme d'une condition inférieure
à celle de sa première épouse pouvait stipuler que sa seconde femme et les enfants à naître n'auraient pas une
part aussi grande que celle des enfants issus du premier
mariage. Mais cette disposition ne saurait être une institution contractuelle, car une institution contractuelle a
pour but d'avantager celui au profit duquel elle est faite,

tandis que la disposition dont il est parlé dans ce titre 20
de feudis, loin de favoriser les personnes intéressées au
mariage qui va s'effectuer, leur enlève une portion de leur
part héréditaire pour la donner aux enfants de la première
union.

Eusèbe de Laurière, sans adopter ouvertement ce système, prétend (*Tr. des Inst. cont.*, t. 1, ch. 1, n° 24.)
que : « quand on eut admis les pactes par lesquels les pères
nobles qui passaient en secondes noces excluaient de leurs
successions les enfants qu'ils avaient de leurs seconds lits,
on admit aisément les pactes par lesquels on disposait de
sa succession en faveur de ceux qui se mariaient ou de leurs
enfants, et c'est ainsi que les institutions contractuelles se
sont introduites, d'abord entre les nobles ou les personnes
de guerre, ensuite entre les roturiers.

Telle est la conjecture de de Laurière et de Lebret,
qu'aucun texte ne vient confirmer, et qui, si elle était admise, attribuerait au point de Droit dont nous discutons
l'origine une existence bien postérieure à celle qu'il a
réellement.

3° *Système.* — Le troisième système, auquel nous nous
rangeons, est celui qui fait remonter l'institution contractuelle au droit germanique; et, au lieu de simples suppo-
sitions, de pures hypothèses, les lois que nous invoque-
rons nous donneront des preuves certaines qui viendront
confirmer l'opinion que nous émettons.

Nous trouvons l'institution contractuelle dans les lois
des Francs-Saliens, des Lombards, et dans celle des Ripuaires.

Dans la loi salique (1) il est question d'un Franc qui
veut transmettre à un autre, par acte entre-vifs, une

(1) *Lex salica*, T. de *Affatamire*.

quote-part ou la totalité de ses biens présents et à venir.
La donation, pour être valable, doit être faite en présence
des hommes libres et du *tunginus*. Le donateur et le donataire doivent être hommes libres. Le donataire reçoit le
nom d'héritier : la donation est irrévocable. Ainsi, nous
trouvons dans ce texte de la loi salique deux caractères de
l'institution contractuelle : l'irrévocabilité et la qualification
du donataire du nom d'héritier. L'irrévocabilité consiste en
ce que le donateur ne sera qu'un possesseur précaire des
biens qu'il a ainsi donnés ; et les mots de la loi salique *et
ipsum quem heredem appellavit* nous montrent que ce donataire était un véritable héritier.

Le texte de la loi des Lombards est encore plus explicite
et plus absolu ; il est conforme, sauf les formalités, à la
loi des Francs-Saliens. On peut faire la donation, dit la
loi des Lombards (liv. ii, tit. xv), à la condition que le donateur ne pourra plus disposer de ses biens ni à titre gratuit ni à titre onéreux, ni les dissiper, et que le donataire
n'en sera propriétaire qu'au *die obitûs* du donateur. Cette
réserve que le donateur fait de ses biens ne contrarie nullement le principe qui veut que, dans toute donation, le
dessaisissement ait lieu. Voici comment on peut concilier
cette contradiction qui n'est qu'apparente : Après que le
donateur aura été dessaisi par l'*affatomie* et le donataire en-
saisiné, le donataire laissera la possession au donateur et le
donateur ne possédera les biens, jusqu'à sa mort, qu'à titre
précaire. Il ne faut pas s'étonner non plus que les biens à
venir puissent être transmis dans cette donation, car, en instituant un héritier, on lui transmet tout son patrimoine : or,
ce patrimoine peut s'accroître, comme il peut diminuer (1).

(1) Le texte de la loi des Lombards est trop absolu pour que nous
n'en reproduisions pas quelques passages, surtout ceux qui nous ont
paru les plus saillants.
Liv. II. *Legis Lungobardorum* : I. « Si quis res suas alii thingare vo-

La loi des Ripuaires nous présente une disposition qui a de la ressemblance avec celle qui est contenue dans la loi Salique. Cette loi au tit. 48 nous dit : Si quelqu'un n'a ni fils ni filles, il peut transmettre ses biens en présence du Roi, dans le *mallum legitimum*, par l'adoption d'un héritier et par le moyen des écritures ou la tradition et en présence de témoins : la loi des Ripuaires ne fait plus de la tradition une condition essentielle de la validité de la donation : les parties peuvent employer l'écriture *scripturarum series* (1) ; cette convention jouit de l'irrévocabilité ;

» luerit, non absconso sed antè liberos homines ipsum garathinx faciat ,
» quatenus qui thungat et qui gesilos fuerint, liberi sint ut nulla in pos-
» terum oriatur contentio.

II. » Si quis res suas alii thingaverit, et dixerit in ipso thinx ihdolaip,
» id est in die obitûs sui reliquerit, non dispergat ipsas res posteà do-
» loso animo, nisi fruatur cum ratione : et si talis evenerit necessitas ut
» terram cum mancipiis vendere, aut loco pignoris ponere debeat, dicat
» priùs illi cui thingaverit : « Ecce vides, quia necessitate compulsus
» res istas vendere volo ; si tibi videtur, subveni mihi et res istas con-
» serva in tuâ proprietate » tunc, si noluerit subvenire, quod alii do-
» derit, sit illi stabile et firmum qui acceperit.

III. » Nulli donatori liceat ipsum thinx quod anteà fecerit, iterùm in
» alium hominem transmittere.

» Ipse autem qui garathinx suscepit ab illo quidquid reliquerit donator
» in die obitûs sui, habeat licentiam in suum dominium recolligere et
» debitum creditoribus solvere et aliis requirere : et quod in fiduciæ nexu
» positum est , reddat debitori, et requirat rem in fiduciæ nexu
» positam.

» Si quis desperaverit propter senectutem aut aliquam corporis in
» firmitatem, quod filios non possit habere et res suas alii thingaverit ;
» posteà quæ cum contigerit filios legitimos procreare, omne thinx »
» quod est donatio quæ priùs facta est rumpatur, et filii legitimi unus
» aut plures, qui posteà nati fuerint, heredes patri in omnibus suc-
» cedant. » Liv. ii lit. 14-xiii. Voir aussi la loi 16 du titre 14 liv. ii de
Rotharis.

(1) *Lex Ripuariorum*, t. 48, *de homine qui sine heredibus moritur.*
— *Si quis procreationem filiorum vel filiarum non habuerit , omnem
facultatem suam in præsentiâ Regis, sive vir mulieri, vel mulier viro,
seu cuicumque libet de proximis vel extraneis, adoptare in hereditatem vel in alfatimi, per scripturarum seriem, seu per traditionem
et testibus adhibitis, secundum legem Ripuariam , licentiam habeat.*

mais les droits des héritiers étaient sauvegardés ; c'est ce que nous indique le texte de la loi Ripuaire en nous disant : « Si quelqu'un n'a fils ni filles, il peut transmettre ses » biens : » la loi des Lombards est encore plus explicite puisqu'elle consacre pour les enfants qui sont nés après la donation, la révocation de la libéralité. Les héritiers devaient donc être appelés à se dessaisir (1) ; mais ils n'étaient pas toujours sur les lieux : la guerre les appelait au loin : leur présence n'était donc plus possible : on renonça alors aux formalités ci-dessus et l'on se contenta d'un autre mode d'institution. L'institution contractuelle dut être faite par contrat de mariage, comme la constitu-tion de dot (2), car il est l'œuvre de la famille tout entière: c'est ainsi qu'au moyen âge, les héritiers, par suite des changements qui s'étaient opérés dans la société, ne purent plus consentir à la vente des propres de la famille et que, pour sauvegarder leurs droits, on remplaça ce consentement par l'institution du retrait lignager.

Nous nous trouvons donc ainsi en possession des trois éléments de l'institution contractuelle : la qualification d'héritier donnée au donataire; l'irrévocabilité, et le contrat de mariage dans lequel elle fut ensuite cantonnée.

On a fait à ce système deux objections qu'il n'est pas difficile de combattre : de Laurière a prétendu que les mots *adoptare in hereditatem* du texte de la loi Ripuaire avaient pour signification non une institution contractuelle, mais une adoption : cette objection tombe devant cette autre,

---

(1) Les droits des héritiers étaient consacrés (Tit. 56 *de alodibus*,) *Si quis absque liberis defunctus fuerit, si pater materque superstites fuerint in hereditatem succedant.* — Cf. Heinnecius, *elementa juris Germanici*, liv. ii, § 357.

(2) *Lex Ripuariorum*, l. 37. — *Si quis mulierem desponsaverit, quidquid ei per tabularium seu chartarum instrumenta conscripserit; perpetualiter inconvulsum permaneat.* — Cf. Revue de législation de M. Wolowski, année 1844, p. 535, article de M. Kœnigswarter.

que le texte de la loi des Ripuaires permet au mari de
faire une semblable disposition en faveur de sa femme
et à la femme de disposer ainsi en faveur de son mari, *sive
vir mulieri vel mulier viro* : or, on ne comprendrait pas
comment il fut permis en Germanie d'adopter sa femme ou
à celle-ci d'adopter son époux. — On a prétendu aussi que
les mots *scripturarum series* désignaient le testament :
mais à cette objection on répond en disant que, lors de la
rédaction de la loi Ripuaire qui remonte au septième siècle, le testament était déjà connu et qu'au lieu d'employer
dans cette loi qui nous offre le cachet d'une latinité assez
choisie, et d'une civilisation relativement avancée une
expression qui n'eût pas désigné d'une manière précise le
testament, on se fût servi du mot technique.

Un capitulaire de 803 (cap. iv, § 7.) porte que l'institution d'héritier pourra s'opérer en présence des Scabins
et des *Missi dominici* et abolit la disposition *per scripturarum seriem* : mais un capitulaire ne tue pas une
coutume et Saint Louis vient plus tard comme dit M. Esch-
bach (1) qui, à la maxime de Charlemagne *nulla consue-
tudo superponatur legi*, opposera celle ainsi conçue:
«Coutume passe droit.» (2) — Le caractère de l'institution
contractuelle est très-bien défini par le ch. 6 du 2° capitulaire de 809 et par le chap. 10 du 3° cap. de 810.

Le 1ᵉʳ déclare que si l'institué meurt avant l'instituant
la donation est caduque; le second, que si l'instituant est
frappé de mort civile, le droit de l'institué est ouvert.

L'institution contractuelle se développa naturellement
avec la féodalité et ne fut d'abord admise qu'entre nobles (3);

(1) Revue de Législation de M. Wolowski, t. xi, p. 127.
(2) Etab. de Saint-Louis, liv. ii, ch. 22.
(3) Dans le Parlement de Bordeaux, elle ne fut admise que dans les
mariages des nobles. Declus dans son conseil 228, n° 4, nous dit : « *in
favorem matrimonii quia sub tali pacto inveniunt nobiliores per quos
nobilitas crescit*.

car, eux seuls faisaient des contrats de mariage dans
lesquels ils inséraient toutes les dispositions propres à
continuer l'éclat de leurs familles et soutenir la splendeur
du nom ; mais lorsque l'enthousiasme républicain des
vieux temps se communiqua aux habitants des villes, ceux-
ci entrèrent en lutte ouverte avec la puissance *féodale et
ecclésiastique*, peu à peu des *communes jurées* (1) sortit une
bourgeoisie qui acquit de l'importance : elle vit accroître sa
fortune et emprunta à la noblesse ses institutions parmi
lesquelles se trouvait le contrat de mariage.

L'institution contractuelle fut admise ensuite dans la
plupart des coutumes : Mazuer dans sa pratique (p. 390)
nous dit que « l'institution conventionnelle vaut pour toute
la fortune de l'instituant dans deux cas, à savoir en contrat
de Société de tous et chascuns les biens des contractants et
en contract de mariage. »

La coutume de Bourbonnais rédigée en 1493, celles de la
Marche, du Nivernais l'admirent et de Laurière et Coquille
purent dire qu'elles furent reçues dans tout le royaume et
qu'elles devinrent une coutume non escripte ; seule la coutume de Berry ne les admit pas : on sait, en effet, que
certaines coutumes conservèrent plus de traces de Droit
Romain que d'autres : et la coutume de Berry avait été
rédigée sous la présidence de Liset qui aimait beaucoup le
Droit Romain dont il était, pour me servir de l'expression
des jurisconsultes de l'époque, un des plus fervents secta-
teurs : c'est ainsi qu'elle comporte l'institution d'héritier, ce

---

(1) Les habitants des villes que le mouvement politique avaient gagnées
» se réunissaient dans la grande église ou sur la place du marché et là
» ils se prêtaient le serment de se soutenir les uns les autres, de ne point
» permettre que qui que ce fût fît tort à l'un d'entre eux ou le traitât
» désormais en serf ; ceux qui s'étaient ainsi liés prenaient le nom de
» *communiers* ou de *jurés*. » (Aug. Thierry lettres sur l'Histoire de
France.) p. 210 et suiv. éd. 1867.

qui est conforme au Droit Romain et non au Droit général coutumier auquel elle répugnait (1).

L'institution contractuelle envahit même les pays de droit écrit et Henrys (éd. Bretonnier, p. 288) nous dit à ce sujet : « Il est vrai que par le Droit romain on ne peut » s'ôter la liberté de faire un testament qu'on ne puisse » révoquer ; mais cela n'a lieu pour les institutions con- » tractuelles que le Droit français a reçues en faveur du » mariage par une coutume générale : s'il faut en chercher » la raison, c'est qu'au lieu que, parmi les Romains, il » n'y avait rien de plus favorable que les testaments, au » contraire, cette faveur est, chez nous, réservée aux » contrats de mariage. » — Et Duplessis (t. 1, 8e consult.) ajoute : « A présent, il ne se passe presque point de » contrat de mariage entre personnes de qualité, qu'il » n'y ait institution d'héritier. »

Les divers jurisconsultes qui ont écrit sur la jurispru-dence des parlements de Bordeaux, Toulouse, Grenoble, Aix, nous le disent positivement (2), et *les observations sur la coutume de Toulouse, conférées au Droit romain et coutumes de France*, nous disent (3) : « Pactions de suc- » céder, faire et instituer par contrat de mariage, être » reçues en France, pourvu que telles donations, institu- » tions ou substitutions contractuelles se fassent inconti- » nent avant ou après le contrat de mariage, et pourvu » que le mariage s'ensuive, comme ladite coustume gé- » nérale de France. »

Les ordonnances d'Orléans, de Moulins, de Charles IX et celle de Louis XV (art. 13), maintinrent les institutions

---

(1) M. Ginoulhiac, à son cours (1866).

(2) V. Questions du droit de d'Olive. — Catelan. — R. de Lacombe. — Furgole. — De Salviat. — Guy-pape. — De Cormis. — Despeisses. — Je n'ai eu à ma disposition, pour ce travail, aucun recueil de juris-prudence du parlement de Pau.

(3) Cout. de Toulouse, éd. de 1615, p. 47.

contractuelles, et d'Aguesseau a pu dire d'elles dans sa lettre du 25 juin 1731, « qu'elle était une des dispositions les
» plus favorables dans la plus grande partie des pays qui
» se régissent, soit par le Droit Romain, soit par le Droit
» écrit. » — Mais avec la révolution qui ne voulait plus
conserver aucune trace de l'ancien régime, et voulait une
réforme complète et entière, elles durent tomber comme
tant d'autres institutions; les lois des 7 mars 1793 et 17 nivôse an II, les supprimèrent : le Code Napoléon les a con-
sacrées de nouveau dans les art. 1082, 1083, 1084, C. N.

Nous examinerons la nature et les effets de l'institution
contractuelle : mais comme la jurisprudence des pays de
coutume présentait en cette matière, comme en beaucoup
d'autres points, une différence sensible avec la jurisprudence des parlements de Droit écrit, nous l'examinerons à
ces deux points de vue différents.

§ II. — PAYS DE COUTUMES.

La jurisprudence, en matière d'institution contractuelle,
n'a pas eu la fixité que réclamait une institution si pratique
et d'une si grande importance.

Si, comme nous l'avons dit, comme nous l'annonce
Loysel, elle vaut par la loi Salique, elle était une véritable
donation entre-vifs et toutes les conséquences qui étaient
attachées à la donation entre-vifs ordinaire devaient lui
être appliquées; l'on devait écarter d'elle le caractère de
donation à cause de mort ou celui du testament qui, dans
le principe, n'était pas connu chez les Germains.

Si l'institution contractuelle était une donation entre-
vifs, on devait décider qu'elle était irrévocable : elle devait
être faite dans les termes de la donation entre-vifs : elle
était soumise à l'insinuation, à moins qu'elle ne fût faite à
un enfant : c'était la quotité disponible des donations entre-

vifs qui devait lui être appliquée. L'institué contractuel était saisi et cette saisine remontait au jour même de la donation ; cette saisine faisait disparaître celle des héritiers *ab intestat* qui ne peuvent être saisis que de ce dont leur auteur défunt était lui-même saisi et vêtu au moment de son décès ; l'institué se trouvait saisi comme sous l'ancienne anatomie ou comme les exécuteurs testamentaires : les droits du donateur étaient ceux d'un simple administrateur : l'institué ne pouvait être tenu des dettes *ultra vires hereditatis* (il en était ainsi sous la loi des Lombards) ; il ne faut pas que le donateur, pouvant faire des dettes à son gré, l'institution contractuelle soit une pure lettre morte.

L'institué, se trouvant saisi du vivant du donateur, devait pouvoir céder son droit : l'on devait aussi, par conséquent, rejeter en cette matière le droit d'accroissement.

Tels étaient les principes que l'on aurait dû continuer à appliquer :

Mais, lorsque la plupart des coutumes furent rédigées ou révisées et qu'elles admirent l'institution contractuelle, les jurisconsultes lui imprimèrent un changement de jurisprudence qui fut si répandue que ceux-là même qui reconnaissaient à l'institution le caractère d'une donation entre-vifs, adoptaient les conséquences que lui attachaient ceux qui ne voyaient en elle qu'une donation à cause de mort (1).

Nous allons entrer dans le détail des conséquences que

(1) Les coutumes dans lesquelles elle a pris la plus large place, sont : Coutumes d'Auvergne (Chabrol, 1784). — Paris (Ferrières, sur l'art. 200). — Normandie (Basnage). — Anjou, 245. — Bourbonnais, art. 210. — Maine (Duplessis, 5e consultation). — Troyes (art. 96, Louis Legrand). — Nivernais (art. 12, Den.). — Poitou (art. 272, Boucheul).

— Duplessis-sur-Maine. 5e Cons. ; p. 650 nous dit : « Il n'y a point de disposition dans les coutumes d'Amiens, Péronne et Vermandois, concernant les institutions contractuelles ; mais il n'y a rien non plus qui soit contraire à l'institution par contrat de mariage. »

V. Coutumier général, p. 1247, t. III. — Papon (arrêts, p. 280). Practique d'Imbert (*Enchiridion*, p. 110-112).

les jurisconsultes qui ne voyaient en l'institué qu'un légataire universel (1) attachaient à notre institution,

I. Elle n'était admise que par contrat de mariage (2). La coutume d'Auvergne qui avait continué, en ce point, ce qui était admis du temps de Mazuer, est la seule, à notre connaissance, qui l'ait admise en matière d'association.

II. Elle n'avait pas besoin d'être acceptée expressément (3) : l'art. 10 de l'ordonnance de 1731 ne permet pas d'attaquer pour défaut d'acceptation les institutions contractuelles.

III. Les contrats de mariage ayant été, dans le principe, comme nous l'avons dit précédemment, usités entre nobles seulement, l'institution contractuelle n'était pas pratiquée d'abord entre les roturiers : mais, plus tard, elle fut admise pour ces derniers : et, la coutume d'Auvergne (art. 25, ch. 14) leur reconnut le droit d'instituer et d'être institués contractuellement (4). — De Laurière (t. I, p. 110, Inst. cont.), ne reconnaissait pas aux aubains le droit de faire une institution contractuelle. Ce jurisconsulte devait naturellement admettre cette conséquence, puisqu'il soutenait qu'elle n'était qu'une donation à cause de mort, et que les aubains dont la succession devait revenir au Roi, ne pouvaient faire des dispositions testa-

_____

(1) Dans le premier enthousiasme qu'éveilla la réapparition des lois romaines, dans l'admiration qu'inspira la divine raison des jurisconsultes Romains, on voulut tout expliquer par les lois romaines, comme dans le dernier siècle, on a voulu rendre raison de tout par le Droit naturel ; avec ces théories absolues au xvᵉ siècle comme au xviiiᵉ siècle on n'a réussi qu'à tout obscurcir et à tout brouiller (*Laboulaye, Condition civile des femmes*, p. 393-504, liv. iv).

(2) Loysel, Inst. cout., liv. ii, tit. iv. — Poitou, art. 172, nᵒ 15, p. 425. — Orléans, art. 202. — Imbert (Practique, p. 119-122). — Marche, art. 294. — Ordonnance de 1731-1747.

(3) Bourjon, Droit commun de la France, t. ii, p. 70.

(4) Despeisses, t. i, p. 428. — Dugny, L. abrég. liv. i, ch. 226. —

mentaires. Bacquet soutient, au contraire, que le droit de déshérence sur les aubains, sans lequel, disait Dumoulin, « la couronne ne peut fleurir ni durer, » pouvait être enlevé au Roi (1). Cette opinion doit être repoussée, car il n'en était ainsi qu'autant que les aubains avaient été naturalisés.

L'article 19 de la coutume de Bourbonnais permet d'instituer les bâtards.

IV. Roussaud de Lacombe permet à l'institué d'associer un tiers dans l'institution pour une certaine quotité : cette clause était considérée comme une condition de l'institution (2).

V. La célébration du mariage est une condition de l'institution : mais pour l'accomplissement de la disposition, il n'est point nécessaire que cette condition arrive pendant la vie de l'instituant.

VI. La coutume de Poitou (Boucheul, p. 127) et Antoine Faber (déc. 28 prog., cap. 6), décidaient que les institutions contractuelles étaient valables en vertu d'une simple promesse d'instituer. — De Laurière admettait seulement que si celui qui a fait cette promesse, ne voulait pas la tenir, elle devait produire des dommages-intérêts qui seraient la représentation de ce que possédait le promettant (3).

VII. Les enfants sont compris dans l'institution pour en recueillir le bénéfice au défaut de leur père : telle était la disposition de la plupart des coutumes. (Marche, art. 204). On admettait en faveur des enfants une substitution vul-

(1) Bacquet, t. 111, p. 7, ch. 21, n° 1, col. 1.
(2) Auroux des Pommiers, sur Bourbonnais, art. 210, n° 55, 56, 57.
(3) De Laurière, Tr. des Inst. Cont. t. 1, ch. 5, n° 20. — cf. Bourjon, t. 11, p. 70, 72.

gaire tacite : et les enfants recueillaient la succession de l'instituant comme s'ils avaient été directement institués : par enfants on entendait ceux qui étaient issus du mariage en faveur duquel l'institution avait été faite : c'est ainsi que nous dit de Laurière (t. II, p. 101, n° 39). «Si le père » qui a été institué, en contractant son premier mariage, » passait en secondes noces, et décédait avec des enfants » des deux lits, il n'y aurait que ceux du premier lit qui » succéderaient à l'instituant » : et, «les enfants, nous dit » Chabrol, viendront par égales portions, à moins que » l'instituant n'ait imposé la condition d'appliquer l'insti- » tution à celui des descendants qu'il jugera à propos (1) ».

VIII. L'institution contractuelle était irrévocable, et c'était comme conséquence de l'irrévocabilité, que la coutume de Paris ne permettait pas qu'on pût apposer *ex intervallo* une substitution fidéicommissaire à l'institution. Pothier disait que l'instituant ne peut plus ordonner un partage inégal du bénéfice de l'institution entre les enfants de l'institué (2).

De Laurière, tout en lui reconnaissant le caractère d'irrévocabilité, décidait que la substitution vulgaire devait avoir, il est vrai, la même force et être de la même nature que l'institution sous laquelle elle est comprise, mais que d'un autre côté, il faut dire que celui qui s'est donné des héritiers par une institution, doit avoir sur eux la même autorité qu'un père a ordinairement dans sa famille (3) : cette opinion était généralement repoussée ; et, on peut dire, que ce jurisconsulte se montrait peu conséquent à lui-même, car, puisqu'il admettait que les enfants de l'ins-

(1) Ferrières, coutume de Paris. — Arrêt du 16 Juillet 1603. — Le-Bret. 1re Liv. III, Décis. III. Bourjon t. II, p. 74.

(2) Ferrières sur l'art. 290 de la coutume de Paris. — Pothier (*Introduction* à la coutume d'Orléans) t. VIII, p. 624. —

(3) De Laurière ; traité des Inst. cont. t. II, ch. 7, n°s 88, 56.

titué décédé avant l'instituant, venaient comme substitués vulgaires, cette substitution prenait sa source dans la donation, qu'il considérait comme irrévocable. Or, comment concilier cette faculté que de Laurière accordait à l'aïeul avec cette irrévocabilité? Aussi, Chabrol (1) qui s'étend longuement sur ce point repousse-t-il l'opinion de ce jurisconsulte.

La coutume de Poitou (p. 126) admettait la substitution vulgaire et n'admettait pas les collatéraux de l'institué au bénéfice de l'institution, car, dit Boucheul, « la même » présomption n'est pas pour eux, » et Pothier lui-même qui reconnaissait le caractère de donation entre-vifs à cette donation, admettait les enfants de l'institué prédécédé à venir de leur chef à l'institution, lors de l'ouverture de la succession de l'instituant, quoiqu'ils aient renoncé à celle de leur père ou qu'ils aient été exhérédés par lui.

IX. Elle pouvait comprendre tous les propres de l'instituant, pourvu que la légitime consacrée par l'art. 208 de la coutume de Paris fût réservée : c'est ce que décida un arrêt du Parlement de Paris, du 30 août 1700. (Duc de Chevreuse contre le Duc de Chaulnes (2); et Ferrières, dans sa nouvelle introduction à la coutume de Paris, s'exprime » ainsi : « Il y aurait une grande injustice d'anéantir pour » partie et de réduire au quint des propres une telle insti- » tution qui avait donné lieu à la conclusion du mariage; » ainsi, comme le mariage ne se peut rétracter, il n'est » pas juste d'anéantir ou de réduire les clauses et condi- » tions sans lesquelles il n'aurait pas été fait. »

La plupart des jurisconsultes étaient d'accord sur ce point (3).

(1) Sur la cout. d'Auvergne, t. II, p. 341.
(2) De Laurière (Inst. cont.) ch. IV, n° 41.
(3) Marche, art. 294. — Nivernais, art. 12, Tit. 27. — Lebrun. — Arrêt du 12 mars 1680, Journal du Palais, t. VIII. — Auvergne, art. 16

X. La coutume de Paris n'exigeait pas l'insinuation : ces donations, dit-on, n'ayant trait qu'à la mort et ne produisant effet qu'à ce moment, ne transportent aucun droit actuel à l'institué : ce dernier devra payer toutes les dettes qui grèvent la succession, et cette obligation met les créanciers hors d'intérêt à ce que cette formalité soit remplie : cette opinion était celle suivie par Coquille (art. 12 de Nivernais, Lebrun, ch. 16 et Bouguier, let. c., som. 6) : ils se fondaient sur ce que l'insinuation était inutile, car les créanciers et l'héritier *ab intestat* dans l'intérêt desquels l'insinuation a été établie, étaient sans intérêt pour l'exiger; néanmoins certains auteurs étaient d'un avis contraire (1).

XII. L'on comprend que si les coutumiers et la jurisprudence avaient considéré l'institution contractuelle comme une donation entre-vifs, tant de difficultés ne se seraient pas élevées dans notre ancien Droit : mais le Droit romain n'a pas été sans influence sur ce point. Certains jurisconsultes cherchèrent par tous les moyens à restreindre les effets actuels de l'institution, et décidèrent que l'institué avait un droit semblable à celui d'un légataire universel, et que ce droit ne s'ouvrait qu'à la mort du défunt. De Ferrière, sur la coutume de Paris (2), dit qu'elle n'est ni une donation entre-vifs, ni une donation à cause de mort, mais qu'elle participe de l'une et de l'autre. De Laurière est un de ceux qui soutiennent avec le plus de force qu'elle

Tit. 14. — Dénisart, Collection de Jurisprudence, t. II. p. 785. — Pothier, t. VIII, p. 623. Renusson, traité des propres , no 37, p. 257. — Ce dernier auteur s'exprime ainsi : « Elles doivent être considérées comme » dispositions entre-vifs et en doivent avoir l'effet tout entier à cause de » la solennité du contrat. » — De Laurière, ch. IV, no 43.

(1) Bacquet. Droits de Justice , ch. 21 , no 324. — Leprestre, ch. 21 2o centurie. — Bouguier. Bourjon, T. II , p. 70.

(2) T. III, art. 284, § 3 , no 39.

est une donation à cause de mort (1) : elle se rapproche de la donation à cause de mort, dit-il, en ce qu'elle est un don de succession qui ne produit effet qu'à la mort du donateur, car les biens peuvent augmenter comme souffrir une diminution. Son insertion dans un contrat entre-vifs et son irrévocabilité ne sauraient pour cela lui communiquer la nature d'un don entre-vifs, et il en donne une raison, selon lui, décisive qui est celle-ci : c'est qu'une donation peut être à cause de mort et irrévocable, pourvu qu'elle soit seulement révocable en cas que le donateur survive : *sed et sic donari potest causâ mortis, ut non aliter reddatur, quàm si prior ille qui acceperit decesserit* (2), ce qui convient parfaitement aux institutions contractuelles qui, quoique irrévocables, sont toujours caduques lorsque l'institué prédécède sans enfants ; mais à cet argument on peut faire cette objection : c'est que cette loi ne veut pas dire qu'on puisse faire une donation à cause de mort qui soit irrévocable, mais qu'on peut, dans la pensée de la mort, faire même une donation entre-vifs et irrévocable, et la loi 27 D *de mortis causâ donationibus* vient à l'appui de cette objection. Cette loi permet de faire une donation qui ait pour motif la pensée de la mort et qui ne cessera pas que d'être entre-vifs : « *et ideò perindè haberi debet » atque alia quam inter vivos donatio.* »

Bourjon, Pothier et Lebrun adoptaient l'avis contraire à celui de Laurière et, quoique considérant l'institution contractuelle comme une donation entre-vifs, ne lui faisaient pas l'application de toutes les conséquences admises en matière de donations entre-vifs, se contentant de suivre la jurisprudence.

(1) Traité des Inst. cont. t. I, ch. II, n° 20.
(2) L. 13. D. *de mortis causâ donationibus* : *cf.* sur l'explication donnée de cette loi, les textes choisis de M. Pellat, p. 153, 154, (édit. de 1859.)

XIII. L'irrévocabilité était le caractère principal de l'institution contractuelle : l'instituant ne pouvait la révoquer directement, de même que l'institué, du vivant de l'instituant, ne pouvait y renoncer par contre-lettres ou autrement; on pensait, en effet, que ce serait tromper l'attente des parents qui n'ont consenti peut-être au mariage qu'à cause des donations qui étaient contenues au contrat (1).

Mais cette irrévocabilité n'était que relative : les coutumes et la plupart des jurisconsultes reconnaissaient à l'instituant le droit d'aliéner, par vente, échange ou autrement à titre de commerce, pourvu bien entendu qu'il le fît sans employer la fraude (2). Ricard reconnaît ce droit à l'instituant dans toutes les coutumes qui ne défendent pas ces aliénations : de Laurière (3) en donne pour motif que celui qui est institué héritier par contrat de mariage ne peut pas avoir plus de droits sur les biens de celui qui a fait l'institution qu'un enfant en a sur les biens de son père dont il est héritier par la nature et par les biens : toutefois, nous devons citer la coutume d'Anjou qui (art. 245) ne permet pas à l'instituant de disposer de ses biens au préjudice de l'institution : cette prohibition ne s'entendait néanmoins que des biens présents : c'est la remarque que fait le docte Dumoulin sur cet article.

Le jurisconsulte Chabrol (4) consacre pour l'instituant le droit d'aliéner à titre onéreux ses biens et s'exprime ainsi : « La coutume autorise expressément les aliénations » et n'y met aucune limitation : mais la foi d'un contrat » de mariage doit être gardée : les aliénations frauduleuses

(1) Ferrières sur l'art. 299, de la Cout. de Paris. — Despeisses, t. 1, p. 428.

(2) Ferrières (art. 299). — Dumoulin sur Nivernais, art. 12, chap. 29, des Donations. — Bourjon. t. 2. p. 71. — Argou — Pothier, Introd. à la coutume d'Orléans, art. 17.

(3) T. 1, ch. 2, nos 3, 6.

(4) Sur la coutume d'Auvergne, t. II, ch. 14.

» doivent être proscrites et l'immensité suffit pour prouver
» la fraude. »

La faculté d'aliéner était la seule exception apportée au
principe de l'irrévocabilité de l'institution : c'eût donc été
l'anéantir complètement que de permettre à l'instituant de
faire les donations et les legs que bon lui semblait : aussi
les coutumes et la jurisprudence ne lui reconnaissaient-elles
que le droit de faire certaines libéralités d'une valeur modique (1); de Laurière et Louet (2) décidaient que l'institution contractuelle était révoquée par la survenance d'enfants à l'instituant : Chabrol sur l'art. 33, ch. 14, décidait
le contraire.

XIV. L'institué ne pouvait renoncer au bénéfice de l'institution du vivant de l'institué : on pensait, en effet que
les clauses d'un contrat de mariage devaient participer du
caractère de fixité du mariage lui-même et que décider
autrement serait ouvrir la porte à beaucoup de fraudes et
porter un préjudice notable à ceux pour lesquels l'insertion
de l'institution avait été une condition déterminante du
mariage (3).

XV. L'ingratitude du donataire était considérée comme
une cause de révocation de l'institution, sans que toutefois
elle pût nuire aux enfants qui sont substitués vulgairement.

XVI. A la mort de l'instituant, l'institué était saisi,
comme un véritable héritier et était soumis, par consé-

___

(1) Bourbonnais, 222. — Auvergne, art. 20, ch. 14. — De Laurière,
t. i, ch. ii, n° 7. — Dumoulin sur l'art. 12, de Nivernais. — Le Prestre i,
Centurie, ch. 13, 14. — Henrys, éd. Bretonnier, liv. 5, ch. 4, quest. 57.
— Lebrun, suc. liv. iii, ch. 2. — Auroux sur l'art. 220 de la cout. de
Bourbonnais. — Ricard, Donations, t. 1, 1064.

(2) De Laurière (Inst. Cont.) t. i, ch. ii, n° 120. — Louet. Lettre D.
n° 52.

(3) Ferrières, art. 290 de la coutume de Paris. — Chabrol sur Auvergne, ch. 14, art. 126. —Ricard, Donations. t. i, p. 774. — Lebrun, L. iii,
cb. 2, n° 28.

quent, au paiement de toutes les dettes et charges de la
succession quand il n'avait pas eu recours au bénéfice d'inventaire : la maxime : « le mort saisit le vif, » lui était
applicable et on le dispensait de demander délivrance aux
héritiers du sang (1).

Toutefois ces mêmes jurisconsultes lui reconnaissaient
le droit de renoncer à la succession de l'instituant, à moins
que l'institution contractuelle n'ait été faite à une personne
qui avait droit alors à la succession du disposant à la
charge d'accomplir certaines prestations, cas auquel l'institué ne pouvait recueillir la succession qu'en les accom-
plissant (2).

XVII. De Laurière admettait l'accroissement, à la condition que les héritiers institués l'aient été dans le même
contrat de mariage, comme deux époux ou deux frères
dont les conventions matrimoniales auraient été rédigées
par le même acte (3).

Tels étaient les principaux caractères de l'institution
contractuelle dans notre ancien droit : il ne faut pas con-
fondre avec elle la déclaration d'aîné et principal héritier
et la donation des biens présents et à venir.

I. — *Déclaration d'aîné et principal héritier.*

Sur l'origine de cette espèce d'institution contractuelle,
de Laurière nous apprend que souvent des fils aînés se

(1) Ferrières (Dict. de Droit, v° Inst.). — Pothier (Introd. à la cout.
d'Orléans, p. 662).

(2) Chabrol, sur la coutume d'Auvergne, art. 26, sect. vii. — La renonciation n'était valable que tout autant que l'institué ne s'était pas
immiscé. Bourjon, t. ii, p. 73.

(3) Dumoulin. — Ricard, Donations, p. 3, n° 481. — Chabrol, t. ii,
ch. 14, art. 17, p. 209.

marient avec des filles très-riches et qu'il arrivait que les père et mère de ces aînés vendaient leurs biens ou dissipaient leur fortune : pour parer à une telle éventualité et aux conséquences fâcheuses qui en résultaient pour les familles des filles qui avaient consenti à leur mariage, les parents des fils aînés instituaient ces derniers pour les portions avantageuses qu'ils auraient eues dans leurs successions si elles leur étaient échues au temps de leur mariage.

La déclaration d'aîné et principal héritier était pratiquée surtout dans les coutumes d'Anjou (art. 245), Tours (art. 252), Maine (262, 263, 264), Loudunois (tit. 26) et avait pour effet d'empêcher celui qui la faisait d'aliéner les biens qu'il possédait lors du contrat de mariage : on consacrait ainsi à l'égard du droit de ce fils aîné un effet rétroactif qui remontait au temps du contrat de mariage : cette déclaration ne sortait point à effet si le fils aîné déclaré principal héritier décédait avant ses père et mère (1).

Cette déclaration devait, par conséquent être insinuée, et se rapprochait, on le voit, du caractère que nous présentera l'institution contractuelle dans nos pays de droit écrit. Bourjon (tome II, p. 75), Ferrières (cout. de Paris, art. 299, n° 62) et Loysel ne reconnaissaient aux déclarations d'aîné et principal héritier que les effets des institutions contractuelles proprement dites.

L'aîné de la famille était le seul en faveur duquel cette déclaration pût être faite : les coutumes s'expliquent sur ce point : et la coutume de Normandie est la seule qui parle en général de la promesse de conserver à l'un de ses enfants sa portion héréditaire : ce qui regarde aussi bien les puînés que l'aîné.

Boniface VIII, par une décrétale de 1299, veut que la

(1) Bourjon, t. II, p. 75.

fille qui en recevant sa dot a renoncé avec serment par son contrat de mariage, à la succession de son père, exécute sa promesse, quoiqu'elle soit nulle suivant les principes du Droit romain : il ajoute néanmoins que cette décision ne doit être observée qu'autant que cette renonciation a été librement consentie et que la fraude et la violence y sont étrangères : et l'auteur des Lois ecclésiastiques de France dans leur ordre naturel, Louis de Héricourt, ajoute : « On » autorise en France ces renonciations des filles, faites par » contrat de mariage aux successions directes et aux col- » latérales même pour les pays qui sont régis par le droit » écrit, quoique la fille n'ait fait aucun serment. Il y a » même des pays où la fille mariée par ses parents est » exclue de plein droit des successions directes, quand » elle n'aurait eu qu'un chapeau de roses. »

II. — *Donations de biens présents et à venir.*

Cette donation qui a d'abord été connue dans les pays de droit écrit, était admise par un grand nombre de coutumes : le droit qu'avait l'instituant d'anéantir l'institution fut un des motifs de son introduction : elle était irrévocable et soumettait le donataire au payement de toutes les dettes et charges de la succession (1).

L'ordonnance de 1731 (art. 17) la consacre en permettant au donataire de prendre les biens tels qu'ils se trouveront au jour du décès du donateur en payant toutes les dettes et charges, même celles qui seraient postérieures à la donation, ou de s'en tenir aux biens qui existaient dans le temps où elle a été faite, en payant seulement les dettes et charges rexistant audit temps.

(1) Chabrol, sur la coutume d'Auvergne, t. II, p. 586. — Arrêts du 24 janvier 1653. — Arrêts de Basset, t. II, p. 293.

§ III. — PAYS DE DROIT ÉCRIT.

Les ouvrages des jurisconsultes du Midi (1) nous montrent les institutions contractuelles usitées dans les parlements de Toulouse, Bordeaux, Grenoble, Aix, dans le ressort de Montpellier et dans tous les pays qu'éclairait le Digeste.

I. La faveur du mariage les avait fait admettre : aussi le contrat de mariage était le seul acte qui pût leur donner asile (2);

II. Elles étaient dispensées de l'acceptation (art. 13 de l'ord. de 1731).

III. Etant autorisées dans le contrat de mariage, il devait s'ensuivre qu'elles ne pouvaient s'adresser qu'aux personnes qui se mariaient et aux enfants qui naîtraient de leur union (3), et que, si l'institué et ses enfants prédécédaient, le bénéfice de l'institution ne passait pas aux collatéraux : elles s'adressaient à tous les enfants de l'institué : c'est ainsi qu'un arrêt du parlement de Toulouse (4) décida

(1) V. Maynard, — Mornac, — Henrys, — Du Perrier, — De Cormis, — Catelan, — De Cambolas, — Vedel, — Boucheul, — De Lamoignon, — D'Olive, — Guy pape, — Boutaric, — Argou, — Despeisses (V. aussi de Laurière, t. 1).

(2) V. Observations sur la coutume de Toulouse, 1615. — Catelan, décisions notables du Droit, liv. IV, ch. 26, n° 2. — Furgole. Observations sur l'art. 13, t. 5, p. 99.

(3) Consultations de Cormis, t. 1, p. 1662. — Boniface, t. II, 1re comp., tit. XII et passim.

(4) Arrêt du parlement de Toulouse du 20 décembre 1622, rapporté dans de Cambolas, liv. 2, ch. 26. — Du Perrier, liv. 1, quest. 15. (Questions de Droit.)

qu'une fille, seule survivante de plusieurs enfants de l'institué prédécédé, avait le droit de recueillir les biens compris dans l'institution.

Le parlement de Bordeaux n'admit d'abord les institutions contractuelles qu'entre nobles (1); mais cette différence entre nobles et roturiers disparut bientôt.

IV. Le prédécès de l'institué ne donnait pas droit à l'instituant de choisir un des enfants de l'époux prédécédé pour lui attribuer exclusivement l'institution au détriment des autres : tous les enfants représentent l'institué défunt et leur part doit être semblable.

V. Elle était irrévocable (Furgole sur l'art. 13 de l'ord. de 1731) (2).

VI. La simple promesse de faire quelqu'un héritier apposée dans son contrat de mariage jouissait de l'irrévocabilité tout aussi bien, dit Despeisses, que si elle était faite par promesse de présents (3).

VII. La promesse d'égalité équivalait à une institution, en sorte qu'aucun avantage ne pouvait être fait aux autres enfants.

VIII. Le droit d'accroissement n'était pas admis (4).

IX. L'institué était assimilé à un véritable héritier, et

(1) Arrêt du parlement de Toulouse du 20 décembre 1622, rapporté dans de Cambolas, liv. 2, ch. 26. — Du Perrier, liv. 1, quest. 45. (Questions de Droit.)

(2) Furgole, art. 13, t. v, p. 114. — Fernand, *ad cap. de filiis ex matrimonia ad morganiticam contractum*, cap. 9, n° 14.

(3) Despeisses, t. 1, p. 128; Maynard, liv. vii, nombre 6; Catelan, t. 11, liv. 1, ch. vi; de Cambolas, liv. 4, ch. 26, n° 2; d'Albert, v° Promesse d'égalité, art. 1; Furgole, sur l'article 13 de l'ordonnance de 1731, t. 5.

(4) De Salviat, t. 11, p. 77, de Cormis, t. 1, p. 1662.

— 98 —

était tenu de toutes les dettes de la succession *ultra vires hereditatis*, s'il n'avait fait dresser inventaire (1). Néanmoins, du Perrier (2), adoptant en cela l'opinion des jurisconsultes du Midi, considérait l'institution contractuelle comme une véritable donation, et n'assujettissait, contrairement à la jurisprudence, l'institué au payement des dettes que jusqu'à concurrence de ce qu'il recueillait.

X. L'institué pouvait au décès de l'instituant répudier la succession (3).

XI. Après l'exposé de ces principes, c'est ici le lieu d'indiquer la nature différente que présentait l'institution contractuelle dans les pays de Droit écrit de celle qui lui était reconnue dans les coutumes du nord de la France.

Certains jurisconsultes la considéraient comme une donation entre-vifs, et néanmoins ne lui faisaient pas l'application de toutes les conséquences que ce caractère eût dû logiquement entraîner. — Dans le Midi, au contraire, on considérait, sous certains rapports, l'institué comme un véritable donataire. On se rappelle que c'était en violant les principes du Droit romain, en se mettant en opposition formelle avec eux, que l'institution contractuelle avait pu pénétrer dans le Midi. Le contrat de mariage avait semblé plus favorable que le testament ; mais autant on avait méconnu le principe de la législation romaine sur les pactes sur succession future, autant on voulut que l'institution contractuelle présentât pour l'institué un résultat certain ; pensa qu'il pourrait voir souvent ses espérances déçues si on n'apportait un tempérament aux aliénations permises à l'instituant, et que l'institution pourrait s'éluder et

(1) Furgole, p. 104, t. 8.
(2) Du Perrier, t. 1, liv. 11, p. 243.
(3) Vedel, Obs., p. 157.

s'anéantir trop facilement. Elle devait donner, disait-on, le droit à l'institué de prendre toute la succession, et ne laisser à l'instituant qu'une simple administration, sans pouvoir aliéner les biens qu'il possédait lors du contrat de mariage (1). Toutes ces considérations firent décider que l'institué aurait le droit de s'en tenir aux biens existants à l'époque du contrat de mariage, et de renoncer aux biens acquis postérieurement à la donation : c'était la solution généralement adoptée, contre laquelle s'élevait surtout Furgole, et que consacra un arrêt du 18 août 1751, rapporté dans Laviguerie, p. 408. L'institution aux biens du décès ne veut pas dire qu'on ne donne que ce qu'on aura au jour de sa mort, et que l'on puisse faire du bien tout ce que l'on voudra, disait Cormis, sous prétexte que l'institution n'est faite que des biens qui se trouveront lors du décès : il faut dire, au contraire, que les biens à venir sont encore compris en l'institution d'héritier, qui cependant assure les présents (2).

C'est de l'institution contractuelle telle que nous la présente la jurisprudence du Midi que nous est venue la donation de biens présents et à venir.

XII. Elle devait être insinuée (3) ; néanmoins, l'ordonnance de 1731 n'exigeant pas l'insinuation quand la donation était faite en ligne directe, l'institution contractuelle, qui était également une donation, devait, dans cette hypothèse, être dispensée de cette formalité.

L'institution contractuelle, telle que les pays de Droit

(1) Consultations de Cormis, p. 1565, 1566; Maynard, liv. 5, ch. 90; de Cambolas, liv. 4, ch. 26, n° 2; du Perrier, t. 1, p. 203; Fernandus, cap. 7, n° 8; de Laurière, t 1, ch. 4, n° 8.

(2) Consultations de Cormis, p. 1566.

(3) Fernandus, cap. 6, n° ult.; Catelan, Décisions notables du Droit, liv. 4, ch. 20, n° 2; de Cormis, t. 1, 1662; Despeisses, t. 1, p. 428; Roussaud de Lacombe, v° Inst. Cont. Dictionnaire, p. 273.

écrit l'admettaient, différait néanmoins de la donation des biens présents et à venir (1).

Nous nous arrêtons ici : la matière étendue du Droit français que nous avons choisie ne nous permet pas, si nous voulons garder une juste proportion dans notre sujet, d'aller plus loin et de continuer nos investigations et nos recherches historiques dans les ouvrages de nos grands jurisconsultes de l'ancien Droit.

Formes et nature de l'institution contractuelle. Capacité active et passive.

L'institution contractuelle doit avoir lieu dans le contrat de mariage même : elle n'est valable qu'à cette condition : elle ne peut, comme la donation de biens présents, se faire dans un acte autre que le contrat de mariage.

Elle peut être universelle, à titre universel ou à titre particulier. On doit reconnaître à l'institution contractuelle la nature de la donation entre-vifs : comme elle, est-elle irrévocable; exige, sinon l'acceptation expresse, du moins le consentement de l'instituant et de l'institué; se rédige par acte entre-vifs et est qualifiée par tous les articles du Code Napoléon, de *donation :* toutefois, elle en diffère : mais dans l'incertitude, ce seront les règles de la donation et non celles du testament, dont nous devrons lui faire l'application.

Il est permis à toute personne de faire une donation de biens à venir; néanmoins, il existe des exceptions. Ainsi, le mineur de seize ans ne peut faire une donation sembla-

(1) V. Henrys, Lebrun, Furgole.

7

ble : il peut seulement tester et non donner : l'institution
contractuelle est, nous l'avons dit, une véritable donation :
un mineur ne peut, comme un majeur, comprendre l'importance d'un mariage.

Le point de savoir si la femme dotale peut faire une
donation de biens à venir est plus controversée. L'affirmative est soutenue par MM. Troplong et Grenier (1) : pour soutenir leur opinion, les savants magistrats se fondent sur les
raisons suivantes : A quoi bon, disent-ils, interdire une
semblable disposition à la femme dotale, puisqu'en la faisant, elle n'en souffrira et ne préjudiciera pas à sa famille ?
elle pourra aliéner à titre onéreux : la donation sera, à
l'ouverture de la succession, réduite à la quotité disponible,
en cas d'existence d'héritiers réservataires : mais, ces
raisons d'équité et de sentiment ne sauraient l'emporter
sur le texte de la loi qui est clair et inflexible : en déclarant
les immeubles dotaux inaliénables, l'article 1554 C. N.
n'a pas eu seulement en vue l'aliénation à titre onéreux :
le mot *aliéner* embrasse tout abandonnement ou toute restriction du droit de propriété ou de créance : or, comment
ne pas reconnaître que la femme dotale, en faisant une
donation de biens à venir, restreint son droit, et qu'à la
dissolution du mariage, elle ne le retrouvera pas plein et
entier ? la femme dotale instituant contractuellement n'aura
pas le droit de donner ses biens à titre gratuit, et se sera
privée du droit le plus précieux, celui de tester : la dota-
lité doit produire ses effets sur tout le patrimoine de la
femme : elle le restreint, le place dans la plus grande im-
mobilité, en sorte que si ses immeubles ne peuvent être
aliénés, elle ne doit pas pouvoir se priver des droits qu'elle
peut exercer sur sa fortune : c'est ainsi que si la femme dotale contracte des obligations sur sa dot, les créanciers ne

(1) Troplong, Donations, t. iv, n° 2571. — Grenier n° 431.

pourront poursuivre le payement de ces obligations même après la séparation de biens ou la dissolution du mariage : mais dit-on, la femme dotale doit pouvoir instituer contractuellement, car, point de grief, point de nullité. Il n'est pas difficile de montrer que la position de la femme et des enfants ne sera pas aussi bonne si la femme dotale avait fait une donation de biens à venir, que si on ne la lui permettait pas : la femme ne pourra plus donner entre-vifs : et même les enfants réservataires qui attaqueraient l'institution devraient toujours laisser à l'institué la quotité disponible : l'inaliénabilité est, d'ailleurs, introduite autant dans l'intérêt des enfants que dans celui de l'épouse dotale (1) : l'institution contractuelle faite par une femme dotale au profit de ses enfants serait, au contraire, valable. (Argument de l'art. 1555 C. N.)

Le mineur devenu majeur ne pourrait faire au profit de son ex-tuteur une semblable donation, si le compte définitif de la tutelle n'a été préalablement rendu et apuré. (art. 907 et arg. de cet article).

Aux termes de l'article 752 C. N. les enfants *adultérins* ne peuvent recevoir qu'à titre d'aliments et suivant les articles 335. 342. C. N. la reconnaissance ne pourra avoir lieu au profit des enfants nés d'un commerce *incestueux* ou *adultérins:* que faudrait-il décider si une donation de biens à venir avait été faite à un enfant de cette classe dont l'état aurait été établi au moyen d'une procédure civile ou criminelle ? On admet en général que, dans ce cas, les héritiers de l'instituant pourront demander la nullité de la donation, mais que la reconnaissance et la confession du crime d'ins-

(1) Arrêts de la Cour d'Agen, 6 novembre 1867 : Revue judiciaire du Midi, Mars 1868. p. 108. — V. une belle dissertation de M. le premier Avocat général Lespinasse insérée dans le même recueil, mois de mars 1868, p. 51. — Arrêt de la Cour de Pau savamment motivé du 26 février 1868, journal du Palais, 1868, p. 312.

— 100 —

ceste ou d'adultère doivent rester comme non avenus et que les divers intéressés ne pourront s'en prévaloir (1).

Le condamné à une peine afflictive infamante ne peut instituer contractuellement. (Loi du 31 mai 1854, art. 3).

L'existence et la capacité du donateur ne sont requises que lors de la signature du contrat de mariage ; ainsi, si l'instituant venait à décéder ou à être incapable lors de la célébration du mariage, la donation vaudrait, car c'est un lien conditionnel qui oblige le donateur, et se trouve seulement subordonné à la célébration du mariage : (Art. 1088 C. N.).

La donation de biens à venir, devant être faite dans le contrat de mariage, ne peut, par conséquent, être faite qu'aux personnes que le contrat intéresse directement, c'est-à-dire les futurs époux, et les enfants à naître de cette union, (art. 1082 C. N.) : il ne serait pas permis d'instituer directement les enfants à naître, en laissant de côté les futurs époux : la libéralité ne peut être acquise aux enfants qu'autant qu'elle s'est d'abord adressée à leur père et mère. Le donateur pourrait-il exclure de la donation les enfants à naître? Je le pense : l'art. 1082 contient seulement une présomption qu'expliquent le mariage et les intérêts de tous ceux qu'il concerne : mais ce n'est là qu'une présomption : on ne saurait non plus, dans l'opinion contraire, argumenter de l'art. 1089 C. N. qui dit : « les donations des art. » 1082. et suivants deviendront caduques si le donateur » survit à l'époux donataire et à sa postérité. » Cet article ne fait que continuer à établir les effets de la présomption écrite dans l'art. 1082, mais ne dit pas expressément que les enfants à naître devront y être nécessairement com-

(1) Aubry et Rau, t. iv, p. 719. Note 11. — Demolombe v, § 8, n° 807, Arrêt de Bastia, du 30 avril 1855. (Sirey, 1855, 2, 619.)

pris (1) : cette présomption ne saurait être comparée à ces présomptions *juris et de jure*, qui n'admettent point de preuve contraire et l'exposé des motifs au Corps législatif démontre la justesse de notre solution.

Cette donation ne saurait être faite au profit d'enfants autres que ceux à naître du mariage ou que le mariage rendra légitimes (art. 333 Cod. Nap.) : comment voudrait-on que la loi qui, en permettant l'institution contractuelle, se départ de son extrême sévérité à l'égard des donations, puisse faire jouir de cette faveur des enfants nés d'un autre mariage ou d'un mariage postérieur ?

Tous les enfants que la présomption de l'art. 1082 Cod. Nap. concerne, doivent être appelés pour des parts égales, et le bénéfice de la disposition ne pourrait pas s'appliquer seulement à l'aîné (2).

Clause d'association — Il faut repousser la validité de l'insertion de la clause d'association mise dans le contrat de mariage, c'est-à-dire la clause par laquelle l'institué contractuel devrait partager avec une personne déterminée, soit également, soit d'une manière inégale, le bénéfice de la disposition : cette solution découle naturellement des principes ci-dessus posés, à savoir que cette donation peut seule se faire au profit des personnes que le mariage inté-

(1) *Sic.* Demolombe. — Bonnet. — Delvincourt, t. II, p. 110. — Duranton, t. IX, n° 677. — Vazeille et Marcadé sur l'article 1082. — *Contrà.* Coin-Delisle sur l'art. 1082.

(2) Marcadé, sur l'art. 1082. — Cont. Delisle, sur l'art. 1082, n° 47. J'admettrais les enfants nés du commerce illicite de deux personnes, entre lesquelles le mariage était prohibé pour cause de parenté, telles qu'un beau-frère et une belle-sœur, à recueillir le bénéfice de l'institution contractuelle faite à leur père ou mère dans leur contrat de mariage, car j'admets la légitimation de ces enfants. Arrêt de la Cour d'Amiens, du 14 janvier 1861 (D. 61, 2, 125. Conclusions prises devant la Cour de Douai. Voir D. 61, 2, 125.) *Contrà* M. Dressolles, *Revue critique*, 1867, p. 191.

resse directement : d'ailleurs, on le sait, les donations
faites par contrat de mariage ont une toute autre nature
que celles faites dans les conditions ordinaires : les premières participent de la nature des contrats à titre onéreux ;
elles ne sont pas révocables pour cause d'ingratitude, donnent lieu à la garantie : ces caractères s'appliqueront bien
à la part de donation que gardera l'époux institué contractuel ; mais comment les reconnaître à la part de donation que viendrait prendre le tiers étranger ? Il faut que la
libéralité soit revêtue d'un caractère d'unité qui lui ferait
défaut dans cette circonstance. On ne saurait, pour soutenir l'opinion contraire, se fonder sur l'art. 1121, C. Nap. ;
car cet article, en permettant de stipuler au profit d'un
tiers, lorsque telle est la condition d'une stipulation que
l'on fait pour soi-même ou d'une donation que l'on fait à
un autre, ne permet ces sortes de stipulations qu'au profit
de ceux qui pourraient jouer directement le rôle de stipu-
lants ou de donataires dans les contrats qui contiennent
ces stipulations. C'est ainsi qu'un homme qui, ayant un
fils adultérin, vend une propriété à un tiers, ne pourra pas
dans le contrat de vente, stipuler que le tiers acquéreur
devra faire telle prestation ou payer telle somme à ce fils
adultérin ; car ce dernier ne peut recevoir ni directement
ni indirectement. Or, il en est ainsi pour un tiers au profit
duquel on ne pourrait faire dans un acte ordinaire une
institution contractuelle (1). On ne saurait non plus se
fonder sur cette maxime que « tout ce qui n'est pas défendu reste permis. » Si nous nous trouvions en matière
ordinaire, si l'institution contractuelle pouvait être faite
en faveur de tout le monde, nous admettrions cette maxime ;

(1) Sic.—Marcadé, sur l'art. 1082, n° 4.—Zachariæ, Massé et Vergé,
t. 3, p. 325, texte et note 19. — Bonnet (Dispositions par contrat de
mariage), t. II, n. 585. — Grenier, n° 425, et Dissertation sur la
clause d'association. » Riom, 18 mai 1826.

mais cette donation est exceptionnelle et doit se renfermer
entre les personnes qui ont été jugées dignes de cette exception.

Cette clause d'association étant déclarée nulle, l'époux
donataire conservera-t-il la libéralité entière, ou devra-t-
on retrancher, lors du décès du disposant, la somme ou
valeur que l'époux institué devait remettre au tiers étranger? Je crois que les héritiers *ab intestat* devraient profiter
de la nullité de cette clause; elle a été considérée par le
disposant comme un moyen d'éluder la rigueur de la loi;
l'associé est incapable. Eh bien! quand un même acte contient deux donations, l'une faite à une personne capable et
l'autre à une personne incapable ou non conçue, qui ose-
rait prétendre que le bénéfice de la donation nulle, doive
accroitre au donataire capable? Si donc nous appliquons
ces principes à la clause d'association, notre solution se
trouve justifiée : qu'est-ce, en effet, cet associé, sinon un
institué, un donataire? Le donateur ne lui a pas, il est
vrai, donné ce nom dans le contrat de mariage; mais peu
importe le nom! Le donateur a si bien compris que c'était
un donataire que, ne voulant pas l'instituer directement,
parce qu'il savait que cette donation serait nulle, il a pris
un détour pour lui faire parvenir le bénéfice de la donation. Or, ce détour pourrait-il venir changer le caractère
de la donation faite à l'associé? Pourrait-il lui enlever la
qualité de donataire? C'est une donation à laquelle le véritable institué a été étranger, dont il ne peut profiter : *Res
inter alios acta nec prodesse, nec nocere potest.* On ne saurait non plus, argumenter de l'art. 900, Cod. Nap., dit
M. Demolombe, car la clause d'association n'est pas une
condition mais une institution spéciale, indépendante qui
ne peut avoir aucune force en elle-même. Enfin, comment
voudrait-on que l'institué recueillit la part de cet associé?
L'instituant n'a-t-il pas montré qu'il voulait que la somme

qu'il laissait à l'associé, n'appartînt pas à l'institué? Décider le contraire, serait donc heurter de front les principes du droit les mieux établis et méconnaître l'intention du donateur (art. 1156, 1175, 1161, 1162, Cod. Nap.). MM. Troplong et Bonnet (t. II, n° 387), pensent que cette question ne peut être résolue d'une manière absolue, et qu'il faut rechercher la volonté du donateur.

M. le président Larombière ne traite pas de la clause d'association (1) mais il se prononce implicitement en faveur de notre solution, en disant : « Si je vous vends ou » donne une maison à la charge par vous de payer 6,000 fr. » à Paul, et que je fasse rescinder le contrat, à qui re- » viendront ces 6,000 fr. ? A vous ou à moi ? A vous ? Non, » parce que si le contrat témoigne de mon intention libé- » rale envers Paul, il prouve aussi que je l'exceptais de la » convention pour assigner à cette somme une destination » spéciale : c'est à moi ou à mes héritiers qu'ils doivent » revenir, parce qu'après tout, c'est moi qui suis donateur, » et qu'en faisant annuler la donation, je dois rentrer dans » la chose illégalement donnée : il est vrai, que je vous ai » adjoint à moi-même pour l'exécution de la libéralité, » mais je ne vous ai pris que comme intermédiaire, comme » instrument de la donation : dans le contrat, vous n'avez » jamais fait figure de donataire, vous ne pouvez donc » réclamer pour vous le bénéfice de la nullité de la stipula- » tion faite au profit de Paul, à moins que le contraire ne » résulte directement des termes du contrat. »

L'art. 3 de la loi du 31 mai 1854, prononce contre le condamné à une peine afflictive perpétuelle la prohibition de recevoir par donation entre-vifs ou testament, si ce n'est pour cause d'aliments ; mais est-il déchu du droit de pro-

(1) *Traité théorique et pratique des obligations*, t. I, sur l'art. 1121 Cod. Nap. § 13.

fiter de l'institution contractuelle faite dans son contrat de mariage ou dans celui de son père prédécédé, lorsqu'il était capable de recevoir ? La négative doit être admise ; si la mort civile existait, l'opinion contraire devrait préva‑loir, sans conteste aucun, puisque la mort civile et la mort naturelle produisaient des effets semblables ; mais la loi de 1854 n'a pas produit un effet aussi radical, aussi absolu : le condamné à une peine afflictive perpétuelle conserve le droit de recueillir une succession : le droit de l'institué a sa source dans la donation ; et, au moment de la donation, le condamné était capable, d'un autre côté, il peut re‑cueillir une succession ; nous sommes donc conduits, on le voit, à admettre cette solution. Lors de la discussion de la loi, le 29 avril 1854, M. Riché, dit positivement *que les institutions contractuelles faites au profit du condamné perpétuel, avant sa condamnation, seraient exécutées* (1) ? Si on n'admettait pas cette solution, il faudrait dire que les enfants de l'institué contractuel prendraient le bénéfice de l'institution ; il se produirait ainsi une anomalie, une contradiction: le père vivrait, et les enfants prendraient la succession de l'instituant. Si la femme du condamné était allée le rejoindre dans la colonie où il subit sa peine et que de nouveaux enfants survinssent, ces enfants pour‑raient ne plus trouver entre les mains de leurs frères ou sœurs qui ont recueilli la libéralité, la part à laquelle ils ont droit. — L'opinion que nous émettons rentre donc dans l'esprit de la loi et prévient des inconséquences (2).

En quelle qualité les enfants du donataire de biens à venir recueillent‑ils les biens qui font partie de la dona‑tion ? Est‑ce à titre de substitués vulgaires, ou viennent‑

(1) Bonnet t. ii, p. 517. — *Contrà.* Troplong. — Anouilh, Revue historique de Droit français et étranger 1860, p. 409.

(2) M. Humbert (Conséquences des condamnations pénales, n° 411).

ils à la succession de leur chef *jure suo*. Je n'admets pas la substitution vulgaire, car la substitution vulgaire appelle le substitué, quel que soit le motif de l'abstention du donataire principal (art. 898, Cod. Nap.), et l'art. 1082, Cod. Nap., se borne à appeler les enfants en cas de prédécès de leur père. — Les enfants viennent *jure suo* : ainsi, si l'époux donataire meurt avant le donateur, les enfants nés de ce mariage prennent la donation de leur chef, même en renonçant à la succession de leur père donataire. En effet, ce dernier n'a jamais été en possession des biens donnés, son droit ne s'est jamais produit sur eux ; il passe alors à ses enfants qui sont considérés comme les véritables donataires ; mais si l'époux institué avait survécu au donateur, les enfants ne pourraient prendre les biens qui composaient l'institution contractuelle, en renonçant à la succession de leur auteur ; par le prédécès du donateur, le droit de l'époux institué s'est manifesté, s'est produit, a fait impression sur les biens. En effet, dans l'institution contractuelle, il n'y a pas deux donations, mais une seule, qui seule doit produire effet ; quand la donation s'est réalisée par le prédécès du donateur, il ne peut être question du droit des enfants.

SECTION III.

Effets de l'institution contractuelle relativement à l'instituant.

La donation de biens à venir est irrévocable ; mais il ne s'agit pas là d'une irrévocabilité absolue, elle est relative : le donateur reste le maître d'aliéner son patrimoine à titre onéreux ; il ne peut faire, au contraire, aucunes dispositions entre-vifs ou testamentaires au préjudice de l'institué : le donateur pourra souvent, au lieu d'administrer sa fortune avec sagesse, la dépenser en prodigalités; mais la loi a pensé que si, lors de la donation, l'instituant a éprouvé une grande satisfaction du mariage de l'institué, il aurait à cœur de lui laisser un patrimoine qui, pendant sa vie, aura été sagement administré.

Le donateur pourra faire tous les actes d'aliénation à titre onéreux; il pourra échanger, vendre, hypothéquer ses biens, les grever de services fonciers; il est généralement admis qu'il pourrait même les vendre moyennant une rente viagère, car le mot aliéner est général (1); mais il faut ajouter que la prohibition imposée au disposant d'aliéner à titre gratuit s'applique à la donation déguisée sous la forme d'un contrat de rente viagère, comme à toute autre donation, lorsque ce contrat a eu pour but de détruire les effets de l'institution contractuelle (2). Les tribunaux ont le droit d'apprécier d'une manière souveraine les faits et documents de la cause.

Il faut reconnaître que l'instituant pourrait s'interdire, lors du contrat de mariage, le droit d'aliéner soit tous les biens qu'il possède actuellement, soit les biens qu'il acquerra dans la suite (3) : il est vrai que les art. 1082, 1083 ne permettent pas expressément de stipuler cette clause, mais ils ne la prohibent pas non plus; elle n'est contraire ni aux lois, ni aux bonnes mœurs. En vain dirait-on que la donation de biens à venir est une exception et que l'on ne saurait étendre la disposition de la loi. Une exception, une fois admise, doit comporter l'application des principes généraux du Droit. L'instituant aurait pu faire une donation de biens présents qui l'eût empêché de faire aucune alié-

(1) Journal du Palais, 1837, 1, 17. — Sirey, 1836. 1, 805.. — Riom, 4 décembre 1860.

(2) Cassation, 31 juillet 1867.

(3) Contra., Aubry et Rau sur Zacharine, T. vi, p. 202, note 83.

nation. Pourquoi ne pourrait-il pas s'interdire le droit de
disposer d'une manière quelconque de ses biens ? Cette
opinion est rejetée par M. Demolombe et admise par M. le
président Bonnet ; mais je n'irais pas aussi loin que l'éminent magistrat, et ne puis voir dans une semblable clause
une donation de biens présents avec réserve d'usufruit ; ce
serait donner à la volonté du disposant une trop grande
extension. Si la solution de M. Bonnet était admise, il ar-
riverait que si l'instituant qui s'est interdit le droit d'a-
liéner voulait faire une donation modique à titre de ré-
compense ou autrement, il ne la pourrait faire puisque les
biens auraient été donnés irrévocablement ; il s'ensuivrait
que le donataire pourrait vendre les biens donnés puisque
l'adjonction de cette clause a changé la donation de biens à
venir en donation de biens présents ; que les règles sur la
caducité de la donation de biens à venir, écrite dans l'article 1089, ne pourraient s'appliquer, et que, s'agissant
d'une donation de biens présents, elle passerait à tous les
héritiers du donataire, quels qu'ils fussent. Le droit proportionnel de mutation devrait être perçu si c'était une donation de biens présents avec réserve de l'usufruit, tandis
qu'un droit fixe est seulement perçu sur la donation de
biens à venir. — Voilà les conséquences qu'entraînerait la
doctrine de M. Bonnet. Il faut donc, dans ce cas, conserver
à l'institution contractuelle son véritable caractère.

Les juges ont le pouvoir de décider si les libéralités faites
par l'instituant dépassent la modicité que prescrit l'article 1083 ; mais les libéralités ne peuvent jamais être faites
qu'à titre particulier.

Promesse d'égalité. — Souvent, dans les contrats de mariage, le père de famille assure, au profit d'un des futurs,
une part égale à celle de ses cohéritiers sur les biens qui
composeront sa succession. Quelle est la valeur de cette

clause ? Quels en doivent être les effets ? Garantit-elle seulement au futur époux une part virile contre ses cohéritiers, en sorte que le donateur ne pourra faire aucune libéralité préciputaire en faveur de l'un de ses enfants, ou bien enlève-t-elle également le droit au donateur de donner la quotité disponible à un étranger ? Je crois que cette clause n'a qu'un effet relatif et laisse au donateur le droit de disposer de sa fortune envers les étrangers. Les enfants du même père sont, en général, présents lors du contrat, et ce n'est, très-souvent, que dans la crainte de voir une portion de la part *ab intestat* du futur époux diminuée par une libéralité au profit d'un de ses cohéritiers, que le fils ou les parents de la future épouse tiennent à s'assurer que cette libéralité n'aura pas lieu en faveur d'un de ses frères ou sœurs, certains qu'ils sont que le père n'en disposera pas, ou ne le fera que dans les limites les plus sages et les plus raisonnables au profit d'un tiers étranger.

La renonciation au droit et à l'exercice du droit de propriété ne doivent jamais se présumer, et, dans le doute, c'est pour la liberté qu'il faut se décider : « *Pro libertale* » *respondendum est.* » Pour caractériser les conséquences qui résultent de la promesse d'égalité, nous ne saurions mieux faire que de citer un passage de MM. Aubry et Rau (1). « L'instituant conserve la faculté de disposer, au » profit d'un autre enfant, de tout ce qui excède la part » héréditaire de l'institué dans la quotité disponible, et, » au profit d'un étranger, de la totalité de la même quo- » tité. La promesse d'égalité devient sans objet lorsque celui » dont elle émane n'a pas laissé d'autres enfants que celui » au profit duquel elle est faite (2). » De ce que la promesse

(1) T. vi, p. 275.

(2) Sic. — Grenier, *Donations*, t. ii; 425 *bis.* — Troplong, t. iv, n° 2377. — Paris, 1er décembre 1853. — Sirey, 1856 2. 300.

d'égalité n'est pas une institution contractuelle il suit,
1° que le père de famille, après avoir fait une semblable
promesse, peut faire un partage d'ascendant dans lequel
il comprendra tous ses biens; et ce partage sera valable pourvu que le donateur ait observé l'égalité entre
les copartagés: 2° que la renonciation, dans un partage
d'ascendant, par l'un des enfants donataires à la promesse d'égalité que l'ascendant lui a faite n'est pas un
pacte sur succession future; 3° que (1) lorsqu'une donation
préciputaire faite par un père de famille à l'un de ses enfants au mépris d'une promesse d'égalité antérieure, a été
suivie d'un partage d'ascendant, dans lequel la même donation a reçu son exécution quant aux biens abandonnés,
la nullité de cette donation est couverte jusqu'à concurrence
des biens ainsi partagés, et peut dès lors être déclarée
restreinte aux valeurs de la succession de l'ascendant.

SECTION IV.

Effet de la donation de biens à venir relativement à l'institué.

L'institué contractuel n'a du vivant du donateur aucun
droit sur les biens de ce dernier: celui-ci est resté maître
d'aliéner ses biens à titre onéreux, le donataire ne saurait
s'opposer à ses aliénations: il ne pourrait même faire révoquer du vivant de l'instituant, les libéralités immodérées
qu'il aurait consenties. L'institué, étant sans aucun droit,
ne pourrait donner son consentement à une donation que
ferait l'instituant: jusqu'au moment du décès de ce dernier,
ses biens ne peuvent être grevés d'hypothèques légales
provenant de la femme ou des pupilles du donataire.

(1) V. Arrêt du 27 novembre 1805. — Dalloz, 1806, p. 216.

Il est vrai que l'institution contractuelle est une donation quant à la forme, à la nature et à l'irrévocabilité : mais, on ne peut nier qu'elle en diffère sensiblement, qu'elle n'en a pas tous les caractères : dans la donation entre-vifs, le droit est actuellement transmis ; dès le moment de la donation, le donataire jouit de la chose, à moins qu'un terme n'ait été opposé à sa jouissance : le droit est irrévocablement acquis : les biens lui arriveront nécessairement : dans l'institution contractuelle, au contraire, le caractère de l'actualité ne se rencontre pas ; car, au décès de l'instituant, il se pourra faire que son patrimoine soit considérablement diminué, peut-être totalement anéanti ; que ses biens qui, au moment de la donation n'étaient grevés d'aucune charge, soient à peine suffisants pour acquitter celles qu'il a contractées depuis : enfin, le droit de l'institué ne se réalisera qu'au décès du *de cujus*. Il existe donc des différences sensibles entre la donation entre-vifs et l'institution contractuelle : le droit de l'institué peut-être comparé à celui d'un héritier *ab intestat* auquel toute la succession ou une quote-part de l'hérédité serait réservée : c'est ainsi que je refuserais au donataire contractuel la faculté de céder son droit ou d'y renoncer même en faveur de ses enfants : en le faisant, il pactiserait sur une succession future et contreviendrait aux articles 730 1130, 1600, C. N. Si le droit de l'institué était un droit conditionnel ordinaire, j'admettrais qu'il pût le céder ; mais le prédécès du donateur qui est ici la condition ne tient pas seulement en suspens le droit lui-même, mais aussi son exercice (1). N'y aurait-il pas d'ailleurs, à redouter que la renonciation de l'institué ne soit le résultat d'influences et d'obsessions ? Sa renonciation à l'insti-

(1) Arrêts de Cassation, Sirey 1853. 1, 65. — 1842. 2, 553 — 1848, 2, 70.

tution serait nulle encore, selon nous, aux termes de l'art.
1398. C. N. qui ne permet pas qu'on porte atteinte aux
conventions matrimoniales : l'institution contractuelle fait
partie de la charte du foyer domestique. Dans un contrat
de mariage, toutes les clauses sont corrélatives; et ce serait
tromper les familles que de renoncer à un droit à la promesse duquel les parents de l'autre époux ont attaché une
importance si décisive qu'il a peut-être déterminé leur
consentement au mariage (1). Ce n'est donc que le décès
de l'instituant qui donne ouverture au droit de l'institué :
ce dernier est un véritable héritier : de là, de nombreuses
conséquences.

I. L'institué est saisi, comme tout héritier du sang ou
légataire universel : cette saisine lui vient de son titre
d'héritier, elle remonte au jour même de la donation :
toutefois, si l'instituant laisse des héritiers à réserve,
ceux-ci ont la saisine : car, on ne saurait admettre que la
saisine conventionnelle puisse l'emporter sur la saisine
légale : j'invoque, à l'appui de cette proposition, les paroles
prononcées par M. Jollivet, au Conseil d'Etat : « Il est
» indispensable d'abord de constater le montant de l'hé-
» rédité, afin d'établir les réserves, et, cependant si l'hé-
» ritier institué était d'abord saisi, il lui serait possible
» d'obscurcir l'état des choses et de rendre illusoire les
» dispositions de la loi relatives aux réserves (2). »

II. L'institué peut renoncer à la succession de l'instituant, ou l'accepter bénéficiairement : en prenant ce dernier parti, il se soustrait à l'obligation d'être poursuivi en

(1) Sic Toulouse 18 avril 1842, Sirey 1842. 2. 385. — Troplong. —
Contrà Zachariæ, Aubry et Rau t. vi, p. 624, notes 55, 56.
(2) Mémoire de M. Anouilh, inséré dans la Revue historique année
1860, p. 431.

payement de toutes les dettes : sa renonciation n'a pas besoin d'être faite au greffe comme celle de l'héritier *ab intestat.*

III. Il peut demander la nullité des dispositions à titre gratuit consenties par l'instituant qui ne rentreraient pas dans les limites de l'article 1083, C. N.

IV. L'accroissement n'a pas lieu en matière de donation de biens à venir, car il n'est pas reçu dans les contrats : il est admis en matière testamentaire, parce que le testament doit être interprété aussi favorablement que possible ; dans le testament, les deux personnes qui y sont intéressées, le testateur et le légataire n'ont pu s'entendre : dans l'institution contractuelle, l'instituant et l'institué ont pu déterminer d'une manière précise la portée de l'institution : si la donation de biens à venir présente quelque obscurité, elle devrait s'interpréter par l'article 1162, C. N., aux termes duquel, dans le doute, la convention s'interprète contre celui qui a stipulé et en faveur de celui qui a contracté l'obligation (1).

V. Le donataire universel de biens à venir est tenu *ultra vires hereditatis*, à moins qu'il n'ait accepté sous bénéfice d'inventaire. Il faut, en effet, un représentant au *de cujus*, et ce représentant, quel autre peut-il être que le donataire de biens à venir, puisque le donateur, en faisant l'institution, s'est interdit le droit de faire un autre héritier ? Le donataire est donc représenté par cet institué, qui est saisi et n'a droit à la succession du donateur qu'à la mort de ce dernier ; il s'ensuit qu'il est son véritable représentant. Il est vrai que la saisine de l'institué n'est pas la sai-

(1) *Sic.* Bonnet, t. 1, nᵒ 267; Coin-Delisle, art. 1082 nᵒ 25. — *Contrà :* Troplong, t. 4, nᵒ 2303.

8

sine héréditaire, mais une saisine conventionnelle : « peu
» importe , comme dit M. Hureaux (1) , si l'instrument
» d'exécution dont la loi se sert dans les deux cas pour la
» transmission est le *de cujus* lui-même. »

Si le Code Napoléon ne résout pas directement la question, elle y est résolue implicitement. En effet, l'art. 1085,
traitant de la donation cumulative de biens présents et à
venir , dit que « si l'état des dettes et charges existant au
» moment de la donation n'a point été annexé à l'acte
» contenant donation cumulative, le donataire sera obligé
» d'accepter ou de répudier cette donation pour le tout ; en
» cas d'acceptation, il ne pourra réclamer que les biens qui
» se trouveront existants au décès du donateur , et il
» sera soumis au paiement de toutes les dettes et charges
» de la succession. »

Cet article nous fournit donc un argument des plus pé-
remptoires pour notre solution ; car , si celui en faveur
duquel une donation cumulative a été faite et qui prend
la donation entière, est tenu *ultra vires* des dettes de la
succession, il doit s'ensuivre que le donataire de biens à
venir est tenu également de toutes les dettes. La donation
cumulative , en effet , n'est qu'une institution contractuelle avec faculté pour le donataire de s'en tenir aux biens
présents.

VI. Si le donataire universel de biens à venir se trouve
en concours avec un héritier à réserve , il n'est pas tenu
ultra vires hereditatis des dettes de la succession. La saisine de l'institué contractuel remonte au jour même de la
donation, quoiqu'elle ne se soit manifestée, en fait, qu'au
moment du décès du donateur.

VII. L'institué contractuel à titre universel ne saurait

(1) Revue de Législation , 1856 , p. 343.

non plus être tenu des dettes *ultra vires hereditatis*. Quoiqu'il soit saisi de son droit, ce n'est pas lui qui est le véritable continuateur de la personne de l'instituant. C'est l'héritier *ab intestat* ou le légataire universel. Quant au donataire à titre particulier, il ne peut être tenu d'aucune obligation personnelle en ce qui concerne le payement des dettes et charges de la succession de l'instituant (1).

Tous les institués contractuels, quel que soit leur titre, ont droit aux fruits des choses données à compter du jour même de l'ouverture de la succession du donateur; car la saisine n'est pas née au décès de l'instituant, elle a pris naissance dans le contrat de mariage (2).

La loi des 14 et 19 juillet 1866 (3) sur la propriété littéraire donnera sans doute lieu à cette question : L'institution contractuelle à titre universel de tous les biens meubles comprend-elle le droit que la mort de l'instituant auteur doit ouvrir sur ses œuvres ? Je pense qu'il faut répondre affirmativement : ce droit ne peut être rangé parmi les droits immobiliers ; il est mobilier ; il peut être assimilé à une rente. Ces diverses raisons doivent nous amener à le comprendre dans l'institution contractuelle des valeurs mobilières.

(1) *Sic.* Zachariæ, Aubry et Rau, t. 6, p. 269, n° 77.

(2) Bonnet, t. 2, n. 477.

(3) V. sur l'explication de cette loi les questions pratiques et doctrinales de M. Bertauld, qui n'est pas seulement jurisconsulte mais aussi un littérateur et économiste distingué, (p. 471 et s.)

CHAPITRE III.

DES DONATIONS CUMULATIVES DE BIENS PRÉSENTS ET A VENIR.

Celui auquel le mariage de la personne qui lui est chère cause une vive satisfaction et qui n'a pas d'héritiers à réserve, est assez disposé à faire en faveur de ce futur époux une institution contractuelle ; mais peu de personnes se sentent disposées à se dessaisir de leur vivant ; et, il faut le dire aussi, malgré l'irrévocabilité de la donation de biens à venir, on peut s'éloigner du mariage ; car l'institution contractuelle, quoique transportant au donataire un titre certain, peut être pour lui une pure lettre morte si l'instituant dirige mal son patrimoine : l'on comprend que ce serait favoriser puissamment le mariage, si (le donateur, tout en restant propriétaire des biens qu'il donne à titre de donation de biens à venir), le donataire avait la certitude d'avoir au moins, lors de l'ouverture de la succession du disposant, les biens que ce dernier possédait lors de la donation. Le législateur, dans sa vive et juste sollicitude pour le mariage, l'a compris, et, dans l'art. 1083, C. N., il consacre cette idée en ces termes : « La dona» tion par contrat de mariage pourra être faite cumulative» ment des biens présents et à venir, en tout ou en partie, » à la charge qu'il soit annexé à l'acte un état des dettes » et charges du donateur existantes lors de la donation, » auquel cas, il sera libre au donataire de s'en tenir aux

» biens présents , en renonçant au surplus des biens du
» donateur. »

Une première question se présente, qui est celle-ci :
Quelle est la nature de cette donation ? Ce n'est assurément pas une donation de biens présents , puisqu'il n'y a
pas dépouillement du donateur ; ce n'est pas non plus une
donation de biens à venir proprement dite, puisque le donataire peut s'en tenir aux biens possédés par le donateur lors de la donation, et faire révoquer les aliénations
de ces biens ; mais malgré la différence notable qui existe
entre ce donataire et l'institué contractuel , je n'hésite pas
à dire que cette donation n'est qu'une dégénérescence de
la donation de biens à venir ; car il faut supposer que le
donateur, pénétré d'affection et de sollicitude pour le donataire et sa jeune famille, dirigera sagement sa fortune
et n'obligera pas le donataire à faire l'option pour les biens
présents (1).

L'option par le donataire ne se pourra faire qu'à la mort :
je tire immédiatement de cette proposition que nous donne
l'art. 1084 C. N., un argument des plus puissants pour
prouver que l'institué contractuel ne peut céder son droit,
avant la mort du *de cujus* : en effet, puisque le donataire
de biens présents et à venir n'a aucun droit, du vivant de
l'instituant, sur des biens dont il est toujours certain d'avoir
une partie, qu'il ne peut les vendre avant la mort du donateur,
à plus forte raison, l'institué contractuel ne peut-il céder un
droit purement aléatoire dont rien ne lui assure l'existence
ou le *quantum* au moment du décès du donateur !

Il n'y a pas dans la donation cumulative deux donations,
l'une de biens présents et l'autre de biens à venir : rien
n'empêche le donateur de faire deux donations, l'une des
biens présents qu'il possède lors de la donation, l'autre des

(1) *Sic.* 28 juillet 1856 ; Cass., Dalloz 1856 1, 428.

biens à venir : mais alors, nous nous trouverons en présence de deux donations régies par des règles particulières :
la première transmissible à tous les héritiers du donataire
(1081), et la seconde, caduque par le prédécès du donataire
et de ses enfants (art. 1089).

Le donateur reste possesseur et propriétaire des biens
qu'il a donnés : il peut vendre ces biens, les hypothéquer
et faire des libéralités modiques et restreintes : toutefois il
a été jugé par un arrêt de la Cour de Cassation (1) que les
biens compris dans la donation de biens présents et à venir
peuvent, du vivant du donataire, être l'objet d'une seconde
donation subordonnée au prédécès du donataire : cette donation, ne devant produire son effet qu'en cas de caducité
de la première, n'est pas inconciliable avec elle.

La caducité de la donation cumulative prononcée par
l'art. 1089, pour le cas de prédécès du donataire et de sa
postérité, est absolue et existe tant pour les biens présents
que pour les biens à venir, par cela seul que la donation a
été faite cumulativement des uns et des autres (2).

Les créanciers du donateur pourraient faire saisir ses
biens et le donataire n'aurait aucun droit pour former une
demande en distraction ou opposition à la procédure sur
saisie immobilière.

Si le donataire opte pour les biens présents, il pourra
faire révoquer les aliénations qui en auraient été faites :
mais il ne pourrait revendiquer, dans ce cas, les meubles
passés entre les mains des tiers acquéreurs à juste titre et
de bonne foi (2279, C. N.).

La donation cumulative étant faite au profit du futur
époux et des enfants à naître du mariage, ces derniers
ont le même droit d'option que leur père : ils viennent

(1) Cas. 29 novembre 1858. Dalloz, 1859, 1, 132.
(2) Dalloz, 1856, 2, 196.

jure suo et peuvent, pourvu que le donateur ne soit pas décédé avant leur père donataire, répudier la succession de leur père et réclamer contre tout tiers détenteur les biens que le donateur possédait au moment de la donation, et, c'est par application de ce principe que la Cour de Cassation a décidé (1) que la cession que les enfants ont faite de la succession de leur père n'est pas réputée comprendre les biens qui dépendent de la donation contractuelle.

Mais comment devrait-on procéder si les enfants sont divisés sur le point de savoir s'il est de leur intérêt de s'en tenir aux biens présents ou d'accepter la succession entière du donateur? L'art. 782, C. N. est inapplicable à notre hypothèse. — Certains auteurs pensent que les tribunaux pourraient décider quel est le parti le plus conforme aux intérêts des enfants : mais cette solution est tout à fait arbitraire : il vaut mieux dire avec la plupart des jurisconsultes que les enfants qui veulent s'en tenir aux biens présents opteront pour ces derniers : que ceux qui veulent recueillir la totalité de la succession et se porter comme véritables institués contractuels, prendront part à la succession entière du *de cujus*, en sorte que si sur quatre héritiers, un opte pour les biens présents et trois pour la succession, le premier prendra un quart des biens possédés par le donateur au moment de la donation et les trois autres héritiers prendront le surplus des biens de la succession. Cette solution a l'avantage de s'offrir naturellement à l'esprit et de satisfaire les intérêts de chacun des donataires.

Nous venons d'expliquer en quoi consiste ce droit d'option, comment il s'exerce : il nous reste à dire à quelles conditions il peut avoir lieu. L'art. 1084, C. N., pose

(1) Dalloz, 1848, 1, 60. — Et le rapport de M. le conseiller Mespard. — Demolombe, t. 23, n° 352. — Bonnet, t. ii, n°ˢ 541, 542, 543.

comme condition essentielle l'annexe d'un état constatant les dettes et charges du donateur au moment de la donation : si le donataire opte pour les biens présents, il supportera les dettes mentionnées dans cet état : et, ici, nous apercevons une différence marquée entre la donation entre-vifs ordinaire ou celle faite de biens présents par contrat de mariage, et la donation cumulative avec option déclarée par le donataire pour les biens présents ; c'est que, dans la première, le donateur n'est jamais chargé des dettes existant lors de la donation, (sauf l'action révocatoire ouverte en cas de fraude et sous les conditions ci-dessus décrites) ; dans la seconde, au contraire, le donataire doit payer les dettes indiquées dans l'état annexé.

Rien ne peut suppléer l'état des dettes présentes du donateur, et, la Cour régulatrice va même jusqu'à décider (1) qu'à défaut d'énonciation des dettes résultant des comptes courants, le donataire est privé de la faculté d'option établie à son profit ; la solution que présente cette jurisprudence nous paraît essentiellement juridique : en exigeant l'état des dettes et charges du donateur existant lors de la donation, on a voulu mettre un terme aux difficultés sans nombre qui surgiraient en l'absence de cet état : rien n'empêche, les commerçants et banquiers, entre lesquels un compte courant existe, d'établir, au moyen de leurs livres et de leur correspondance, leur position respective : si, par exemple, le débiteur tombait en faillite, les syndics ne seraient-ils pas obligés de constater la position du débiteur et du créditeur ? Aussi, la Cour de Cassation, sous la présidence du savant et regretté M. Nicias-Gaillard, a-t-elle pu dire : « Si le donateur négociant était dispensé de faire » connaître le montant de ses dettes résultant des comptes

_____

(1) Cas. 13 novembre, 1861. Dalloz, 1861, 1, 26. — Montpellier, D. 1861, 2, 180, et la note qui l'accompagne.

» courants arrêtés par lui au moment de la donation, on
» donnerait ouverture à la fraude et à des difficultés inextri-
» cables que la loi a voulu prévenir. »

L'état des meubles exigé par l'art. 948, C. N., est-il
requis dans la donation cumulative, en sorte que, en cas
d'absence de cet état, le donataire du mobilier venant à
opter pour les biens présents ne pourrait réclamer les meubles possédés par le donateur lors de la donation ? L'état
du mobilier doit être exigé ; il y aurait un grave inconvé-
nient à ne pas l'annexer. Comment savoir si, au moment
de la donation, telles valeurs, tels objets, tels meubles ap-
partenaient au donateur ? Ce serait ouvrir la porte à une
foule de procès de la plus minime importance (1).

Je n'admettrais pas, avec MM. Troplong et Demolombe,
que l'on pût donner ses biens à venir et se réserver les
biens présents. Il est vrai qu'une semblable donation ne
contrarierait nullement l'ordre public ou les bonnes mœurs,
mais, il faut dire que la donation de biens à venir est une
exception au droit commun, et que, pour qu'elle puisse se
produire, elle doit avoir lieu pour tous les biens à venir
ou d'une manière cumulative : la donation de biens à venir,
avec réserve par le donateur des biens présents, formerait
une classe de donation à part qui n'a pas été prévue par la
loi. L'article 1086, C. N., me fournit pour cette solution
un argument péremptoire : cet article permet au donateur
de faire une donation de biens à venir, avec réserve sur
ses biens présents d'un ou de plusieurs objets, ou d'une
somme fixe à prendre sur ces mêmes biens : il défend donc
implicitement la donation des biens à venir, avec réserve
de tous les biens présents.

(1) Demolombe, *Donations*, t. vi, n° 563. — Demante, t. iv, n° 257 *bis*,
Contrà, Bonnet, t. ii, n° 532.

CHAPITRE IV.

DES DONATIONS FAITES SOUS CONDITIONS POTESTATIVES.

Les trois espèces de donations que nous venons d'examiner constituent toutes des exceptions aux donations ordinaires. Dans l'article 1086, C. N., le législateur montre, une fois de plus, la faveur dont il entoure les libéralités faites par contrat de mariage, et déroge aux dispositions des art. 945, 946, C. N., en permettant au donateur, 1° d'apposer, comme condition à la donation, soit de biens présents, soit de biens à venir, soit cumulative, celle de payer indistinctement toutes les dettes et charges de la succession du donateur; 2° de se réserver la faculté de disposer d'un effet compris dans la donation ou d'une somme fixe à prendre sur ces mêmes biens, et, dans ce dernier cas, si le donataire n'a pas disposé de cet effet ou de cette somme, ils seront censés compris dans la donation et appartiendront au donataire ou à ses héritiers.

L'art. 1086 s'applique aux trois espèces de donations prévues par les art. 1081, 1082, 1083, C. N. Certains auteurs en ont douté. Les uns ont prétendu que la première partie de l'art. 1086 (qui permet au donateur d'apposer comme condition celle de payer toutes ses dettes) s'applique exclusivement à la donation de biens à venir, et ne saurait embrasser les donations de biens présents. Pour soutenir cette opinion, on a dit que cette première partie de l'art. 1086 visait la donation faite aux époux ou aux enfants à naître, et que la donation de biens présents ne peut plus être faite directement aux enfants à naître ; ce qui le prouve encore, a-t-on dit, c'est que l'article 1089 ne rappelle pas l'art. 1081, et la donation de biens présents doit transporter au donataire un droit actuel, irrévocable, qui ne saurait dépendre du caprice ou de la volonté du donateur (1); mais l'opinion contraire est généralement admise et se justifie facilement.

Il est vrai que la première partie de l'art. 1086 ne mentionne pas la donation de biens présents ; mais cet article a été emprunté à l'ordonnance de 1731, § 18, qui visait cette dernière donation, et a dû s'inspirer du texte de l'ordonnance (2). L'article 947, C. N., nous dit expressément que les articles 943, 944, 945, 946 ne s'appliquent pas aux donations par contrat de mariage à l'égard desquelles il est fait exception : or, l'art. 947 est compréhensif ; il embrasse toutes les donations dont il est parlé ch. 8 et 9. Au surplus, de l'argument tiré de ce que l'art. 1086, C. N., § 1, vise seulement la donation qui pourrait être faite par contrat de mariage aux enfants à naître, il en résulterait, comme disent MM. Demolombe et Levrier, que les donations de biens à venir entre époux ne pourraient pas non plus être faites sous des conditions potestatives, car elles ne peuvent pas être faites au profit des enfants à naître (3).

D'autres auteurs ont prétendu que la deuxième partie de l'art. 1086 ne s'appliquait pas aux donations de biens à venir; mais c'est surtout à ces donations qu'elle se rapporte : on comprendrait à la rigueur que la deuxième partie

(1) Coin-Delisle sur l'art. 1086. — *Contra*, Marcadé, art. 1086. — Demante, t. iv, § 259. — Troplong, iv, n° 2447. — Bonnet, ii.

(2) Sic, Cassation, 27 décembre 1815.

(3) Demolombe, t. 6, p. 400. — Levrier, thèse de Doctorat sur les donations entre époux, p. 108.

de l'art. 1086 pût ne pas s'appliquer aux donations de
biens présents, à cause de leur caractère d'actualité et
d'irrévocabilité; mais la donation de biens à venir a essentiellement un caractère aléatoire que le législateur a pu encore augmenter par le droit qu'il accorde au donateur de
se réserver une chose ou une somme déterminée; et l'on
comprenait si bien dans l'ancien droit que ce serait favoriser les donations de biens à venir si le donateur pouvait
disposer à titre gratuit de certaines choses comprises dans
la donation, que le Parlement de Grenoble émettait le vœu
que, dans toute institution contractuelle, le donateur se
réservât une certaine valeur (1).

SECTION Ire

Donations à charge de payer toutes les dettes de la
succession du donateur.

Les dettes ou charges peuvent consister dans des obligations contractées par le disposant, dans le payement de constitutions dotales faites par le donateur à ses enfants, dans
l'acquittement de legs ou de prestations qu'il inscrirait dans
son testament; et la Cour de cassation a interprété cet
art. 1086 d'une manière très-large en décidant (2) qu'en
cas de donation par contrat de mariage par deux époux
à l'un des futurs de leurs biens présents et à venir, les donateurs peuvent charger le donataire d'acquitter, au décès
du survivant d'eux, les charges contractées par tous deux
ou par un seul, et, par conséquent, les dettes que le co-

(1) D'Aguesseau, t. ix, p. 351; lettre 288.
(2) Cassation, 3 mai 1852.

donateur survivant avait faites postérieurement à l'ouverture de la succession du prédécédé (1).

Mais malgré la faculté qu'a le donateur de contracter les
dettes qu'il lui plaît, le législateur a eu également en vue
l'intérêt des donataires, en disant (art. 1080) : « Le do-
» nataire sera tenu d'accomplir ces conditions, s'il n'aime
» mieux renoncer à la donation. » Et voici ce qui diffé-
rencie la donation de biens présents ordinaire ou celle faite
par contrat de mariage purement et simplement aux termes
de l'art. 1081, C. N., de celle faite à la condition de payer
toutes les dettes du donateur; c'est qu'à l'égard des premières, le donateur n'y peut renoncer et doit nécessairement acquitter et remplir les conditions qu'il a acceptées
lors de la donation, tandis qu'à l'égard de la seconde, il y
peut renoncer. Cette différence a sa raison d'être : pour les
premières, le donataire connaît d'avance le *quantum* des
dettes qui pèsent sur le donateur ou qu'il pourra contracter : ensuite, le donataire, entrant en possession des
biens, le plus souvent le jour de la donation, peut, au
moyen des revenus qu'il tirera de ces biens, payer les
dettes et trouver encore dans la donation un certain émolument : dans la seconde, au contraire, le donataire ne
pouvait être lié. Souvent, il ne jouira des biens qui lui ont
été donnés qu'à la mort du donateur; il ignore les dettes
et charges qu'il plaira au disposant de contracter. Il ne
fallait pas qu'au moment où s'ouvrirait la succession de
son bienfaiteur dont il espérait recueillir un certain émolument, son espérance se changeât en la plus grande des
déceptions; qu'au lieu d'un actif assez considérable, il
trouvât des dettes pour l'acquittement desquelles il lui
faudrait engager ses propres biens. C'est en s'inspirant de

(1) Dalloz, 1852, 1, 293, affaire Coissin. — Demolombe, t. vi, p. 403.
— Troplong.

cette idée que M. Troplong a écrit (1) : « On ne peut appli-
» quer à un donataire placé en face d'éventualités et dont
» il n'a pu d'avance apprécier la portée, et qui dépendent
» du fait arbitraire du donateur, la règle qui domine un
» donataire qui a fait sa condition après avoir pu mesurer
» le poids de la charge imposée; il a pu croire que le do-
» nateur n'abusera pas du droit de faire des dettes et qu'il
» conservera équitablement à la donation son caractère de
» libéralité. Puisque le donateur a dépassé les bornes, il
» est juste que le donataire, à son tour, en puisse sortir
» pour ne pas être victime de sa confiance. »

SECTION II.

Donations faites avec réserve d'une somme fixe à prendre sur les biens donnés ou d'un objet quelconque.

Le disposant peut se réserver le droit de disposer d'une
somme fixe ou d'un objet; et, s'il n'a pas usé de cette faculté, les objets réservés iront aux donataires ou à leurs
héritiers.

Cette réserve peut être faite d'une manière générale,
sans indication de la personne en faveur de laquelle la donation de l'objet ou de la somme sera faite, ou elle peut
indiquer la personne que le donateur a en vue : et, je crois
qu'il faut décider que lorsque le donateur a indiqué, dans
la clause de réserve, une personne déterminée, il ne peut
disposer de l'objet réservé en faveur d'une autre : c'est ce
qu'a constaté le tribunal de la Seine (2) sous la présidence

(1) Troplong, *Donations*, t. iv, n° 2450.

(2) V. *Journal le Droit*, n° 14, année 1855. — Je cite ce jugement à
l'appui de mon opinion ; mais je n'approuve pas entièrement le point de
droit qu'il consacre ni les motifs sur lesquels il s'appuie.

de M. de Belleyme dans une affaire de la plus haute importance et dont la lecture inspire le plus vif intérêt : En 1825,
Mme du Cayla maria sa fille avec le prince de Beauvau :
elle lui fit certaines donations et inséra dans le contrat de
mariage une clause ainsi conçue : « La donatrice assure à
» sa fille sa part et portion virile intégrante dans les biens
» meubles et immeubles de sa succession, distraction faite
» seulement du domaine de Saint-Ouen, tel qu'il se com-
» porte et qu'elle se réserve de pouvoir donner à titre de
» préciput et hors part , à son fils. »

Mme du Cayla décéda et laissa pour unique héritière sa
fille Mme de Beauvau, son fils étant prédécédé.

La donatrice avait légué par testament son domaine de
Saint-Ouen au comte de Chambord et substitué vulgairement la ville de Paris : le comte de Chambord par affection
pour sa bonne ville de Paris refusa; la substitution vulgaire
fut ouverte, et la ville légataire demanda à Mme de Beauvau la délivrance de son legs : celle-ci s'y refusa ; une
instance s'engagea entre la ville légataire et l'héritière de
Mme du Cayla. Me Plocque, pour cette dernière, disait que
la défunte n'avait pu faire que des donations rémunératoi-
res ; que la disposition écrite dans le contrat de mariage
n'était pas une promesse d'égalité n'ayant qu'un effet relatif, mais une véritable institution contractuelle assurant
à l'instituée moitié en cas de survie de son frère et éven-
tuellement, pour le cas de son prédécès, la totalité de ses
biens, en un mot tout ce à quoi elle aurait eu droit *ab intestat, et que la clause de réserve avait un effet relatif.* —
Me Sénard, pour la ville de Paris, répondait que ce n'était
qu'une promesse d'égalité, et que la donatrice avait pu disposer du domaine de Saint-Ouen, dès que la donataire
était restée, par le prédécès de son frère, seule et unique
héritière. — Le tribunal consacra la doctrine émise par
l'héritière Mme de Beauvau et rejeta la demande de la
ville de Paris.

Toutefois M. Troplong, sans commenter ce jugement, dit que la clause de réserve ne doit pas être entendue dans un esprit trop rigoureux et trop étroit : je réponds à cette proposition que nous sommes ici, en matière exceptionnelle et que ce serait souvent méconnaître les intérêts du donataire qui a pu n'accepter la donation et contracter mariage qu'à cause de la certitude qu'il avait de posséder un jour des immeubles déterminés : comment voudrait-on que si deux immeubles ont été donnés, que l'un soit situé en Quercy, l'autre en Rouergue, et que le donateur se soit réservé le droit de disposer du premier, il puisse au mépris de cette clause, au lieu de cet immeuble, donner le second ? Décider le contraire serait aller ouvertement contre les conventions (1).

Il faut faire une distinction entre le droit qu'on se réserve de disposer d'une chose et la réserve de la chose elle-même : dans le premier cas, la donation existe ; si le disposant meurt, sans avoir exercé son droit, elle appartiendra au donataire ou passera à ses héritiers : dans le deuxième cas, l'objet, n'ayant jamais été compris dans la donation, restera, quoiqu'il arrive, aux héritiers du donateur (2).

Il nous reste enfin à donner la signification des derniers mots de l'art. 1086 qui dit *in fine* : « Si le donateur s'est » réservé la liberté de disposer d'un effet compris dans la » donation de ses biens présents ou d'une somme fixe à » prendre sur ces mêmes biens, l'effet ou la somme, s'il » meurt sans en avoir disposé, seront censés compris dans » la donation et appartiendront au donataire ou à ses hé-» ritiers. »

Il faut décider que le mot *héritiers* a trait aux enfants à naître du mariage du donataire et qu'il ne saurait compren-

(1) Dalloz, 1845, 4, 187.
(2) Troplong, t. IV, n° 2457. — D'Aguesseau, lettre 280, t. IV, p. 558. — Marcadé, art. 1086. — Grenier, n° 440. — *Contrà*, Vazeille, n° 4

dre ses héritiers, ses successeurs quels qu'ils soient : en
effet, les donations faites dans les termes de l'art. 1086
sont plutôt des libéralités participant de la nature des donations de biens à venir que des donations devant se gouverner par les principes de l'art. 1081, C. N. Or, les
institutions contractuelles sont caduques par le prédécès
du donataire et des enfants à naître du mariage : il existe
donc un argument d'indivisibilité qui doit nous faire admettre cette solution : au surplus, l'art. 1089, C. N., embrasse dans sa disposition les libéralités faites dans les
formes des art. 1082, 1084 et 1086, et c'est avec juste
raison que M. le premier président Grenier a pu dire que
« l'article 1089 était le régulateur de l'art. 1086. »

Certains jurisconsultes (MM. Marcadé, Coin-Delisle,
Boutry), font une distinction entre la donation qui serait
faite sous une condition résolutoire et celle qui se présen-
terait avec l'adjonction d'une condition suspensive : dans
le premier cas, l'effet ou la somme réservés passeraient à
tous les héritiers du donataire, quels qu'ils soient : dans
le second, les enfants nés du mariage pourraient seuls
prétendre à cet effet ou à cet objet réservés.

Cette distinction ne saurait être fondée : on ne peut, en
effet, comparer à une donation pure et simple celle faite
dans les termes de l'art. 1086 avec condition résolutoire ;
elle tombe dans la classe des institutions contractuelles et
se doit gouverner comme elles (1).

(1) Demolombe, t. vi, p. 416. — Troplong, t. iv, n° 2485. — Colmet de
Santerre, t. iv. — Le président Bonnet, t. ii, n° 580.

9

CHAPITRE V.

TRANSCRIPTION.

I. Comme toute donation entre-vifs ordinaire, la donation de biens présents faite dans les termes de l'art. 1081, Cod. Nap., doit être transcrite : et, le défaut de transcription pourrait, selon nous, être opposé tant par un second donataire que par les créanciers et tiers acquéreurs du donateur (1) (941 et arg. de cet art.). Non-seulement, nous exigeons la transcription de la donation, mais nous soumettons à cette formalité l'acte de célébration de mariage ; on objecterait, en vain, que la transcription du contrat de mariage avertit suffisamment que la propriété de l'immeuble donné a passé de la tête du donateur sur celle du donataire : la donation faite par contrat de mariage est d'une toute autre nature que celle faite par un acte de donation ordinaire : cette donation est, en effet, caduque si le mariage ne s'ensuit pas (art. 1088). Or, comment les tiers peuvent-ils savoir que le mariage, qui est la condition *sine quâ non* de la validité de la donation, a été célébré, si ce n'est par la transcription de l'acte de célébration ? On objectera à cet argument que les tiers qui veulent contracter avec le donateur n'ont qu'à se pré-

(1) Demolombe, Donations, t. III, pag. 202. — Dalloz, 1851, 2, 80. — *Contra*, D. 1850, 5.

senter à la Mairie, et qu'ils verront ainsi si le mariage a
eu lieu : on ajoute encore que le mariage est une condition
suspensive de la donation, et que lorsqu'un acte de vente
sous condition suspensive a été transcrit, cela suffit, qu'il
n'est nullement besoin de faire transcrire l'acte constatant
la réalisation de la condition suspensive : à cette argumen-
tation je réponds, en disant que les tiers ne sont pas obligés de s'enquérir à la Mairie si la célébration du mariage a
eu lieu, que peut-être les registres constatant les mariages se trouvent perdus ou brûlés : que le mariage du donataire a pu se faire à une Mairie autre que celle du domicile
du gratifié, et que dans cette incertitude, les tiers intéressés ne sauraient à quelle Mairie s'adresser pour s'enquérir
de la réalisation du mariage : j'ajoute que la célébration
du mariage ne doit pas être considérée comme une condition suspensive ordinaire ; c'est une condition imposée par
la loi, que les tiers ne sont censés connaître qu'autant
qu'ils peuvent en apprendre l'accomplissement d'une manière légale : ce n'est plus une condition ordinaire de la
classe de celles à la réalisation desquelles les parties peuvent soumettre l'existence de leur contrat, mais un acte
semblable à l'acceptation d'une donation. Or, l'acceptation
d'une donation doit être transcrite: et, non-seulement, je
compare à l'acte constatant l'acceptation d'une donation
l'acte de célébration du mariage, mais je dis même qu'il y
a entre ces deux actes une ressemblance parfaite ; pourquoi
exigeons-nous la transcription de l'acte de célébration de
mariage? C'est que cette formalité seule nous apprendra
que la donation est parfaite : jusque-là nous pouvons croire
que la donation n'est pas sortie à effet, car, sans la célébration du mariage, elle n'existe pas. Ce n'est pas, en effet,
le contrat de mariage qui nous apprendra l'acceptation du
donataire, puisque l'acceptation formelle n'est pas requise
pour les libéralités faites par contrat de mariage, mais

l'acte de mariage pourra seul nous apprendre si le mariage a eu lieu ; et, comme ce n'est qu'à cause du mariage que l'acceptation de ces donations n'est pas requise, la transcription de l'acte de célébration faite au bureau de la conservation dans le ressort de laquelle les biens sont situés, équivaudra à la transcription de l'acte d'acceptation d'une donation ordinaire. Nous assujettissons donc à la formalité de la transcription l'acte de mariage, car, cet acte contient une acceptation implicite des donations contenues dans le contrat qui a été rédigé précédemment : nous avons ainsi un argument d'indivisibilité qui vient confirmer notre opinion et qui nous semble péremptoire (1).

II. Les jurisconsultes sont divisés sur le point de savoir si l'institution contractuelle doit être transcrite: la plupart des auteurs et la jurisprudence se prononcent pour l'inutilité de la transcription : néanmoins, on peut invoquer, à l'appui de l'opinion contraire, des raisons excellentes tirées des textes de la loi et de l'utilité de cette formalité: et je n'hésite pas à me mettre du côté du parti le plus faible contre le parti le plus fort.

Je dirai d'abord, que tout acte qui enlève à une personne, en tout ou en partie, le droit de faire des aliénations doit être transcrit : ce n'est qu'ainsi que la propriété peut acquérir de la stabilité ; il est vrai que l'institution contractuelle ne prive pas l'instituant du droit d'aliéner à titre onéreux, mais elle anéantit en lui celui de disposer à titre gratuit. Or, ceux qui recevraient de l'instituant des biens ou un droit sur les biens qui existeront à son décès, ne sont-ils pas intéressés à savoir si un droit semblable n'a

---

(1) Cette question n'a été, à ma connaissance, traitée dans aucun ouvrage de droit : je ne l'ai entendue traiter non plus par aucun professeur : on voudra donc pardonner à la faiblesse de mes arguments et à la manière dont ils ont été exposés.

pas été antérieurement conféré? Si, assurément ; la transcription est donc utile ; il est vrai que l'institution contractuelle ne transporte pas actuellement un droit à l'institué ;
mais elle ne lui en transfère pas moins un droit qui jouit,
sous certains rapports, de l'irrévocabilité, puisque le donateur ne pourra disposer de ses biens à titre gratuit : l'institution contractuelle est une véritable donation ; c'est ainsi
qu'elle est qualifiée dans l'art. 1082, § 2, et aux termes
de l'art. 941, toute donation doit être transcrite : aussi, je
pense avec MM. Mourlon, *Transcrip.*, tom. II, nᵒ 1117;
Flandin, t. II, nᵒ 700 ; Duvergier, *Col. des Lois* sur l'art. 1
de la loi de 1855 et Bonnet, t. II, nᵒ 686, que, d'après le
Code Napoléon sagement entendu, la transcription est
nécessaire.

Il est vrai que la transcription de l'institution contractuelle ne revêt aucun caractère d'utilité vis-à-vis des tiers
acquéreurs, puisque l'instituant peut aliéner à titre onéreux ; mais ceux qui admettent que l'institution contractuelle est une donation et que le défaut de transcription
d'une donation peut être opposé par un second donataire,
doivent admettre, s'ils veulent être logiques avec eux-mêmes, que cette formalité est indispensable.

La donation de biens à venir se fait, en effet, par un
contrat comme une donation entre-vifs : le donateur abdi-
que le droit de disposer de ses biens par donation ou testament : l'institué ayant été partie au contrat de mariage,
connaît nécessairement la donation : on ne peut l'assimiler
à un légataire qui peut ne pas connaître le testament qui
l'institue ; le testament doit recevoir toute sa force de la loi,
tandis qu'un contrat de mariage et les dispositions qu'il
contient ne peuvent produire leurs effets *ergà omnes* qu'autant que ceux qui y ont été présents, ont rempli à son
égard toutes les formalités nécessaires ; qui empêche le
donataire de livrer le contrat de mariage à la publicité ?

MM. Troplong (Transcrip., n° 73) et Verdier (Transcrip., n° 143), refusent à l'institution contractuelle le caractère de la donation. Ils prétendent qu'elle n'est qu'un don de succession, qu'elle a trait à la mort du disposant, et que si l'instituant donnait à titre gratuit, l'institué pourrait agir par voie de nullité ou par action paulienne. Nous répondons que l'action paulienne ne saurait être reçue en cette hypothèse; car ce serait donner à l'art. 1167, C. N., une signification tout autre que celle qu'il contient. Il est vrai que l'instituant qui dispose ainsi de ses biens serait un homme de mauvaise foi qui agirait en fraude de l'institution; mais cette fraude seule peut-elle suffire pour permettre à l'institué de faire révoquer la seconde donation? L'art. 1083 enlève au donateur le droit de disposer de ses biens à titre gratuit: cette disposition et l'argument qu'on en tire ne doivent nullement nous arrêter; il est également défendu à celui qui a vendu ses biens d'en faire une seconde vente (ancien article 2059 et arg. de 1599 C. N.), et pourtant, si le deuxième acquéreur a fait transcrire son titre, il pourra l'opposer au premier acquéreur qui n'a pas rempli cette formalité. Ainsi, la loi défend au vendeur comme à l'instituant de consentir une seconde aliénation, et maintient, néanmoins, en cas de revente du même immeuble par la même personne, le deuxième acheteur qui a transcrit, tandis que le premier ne l'a pas fait.

Toutefois, il faut avouer avec M. Verdier (Transcrip., p. 278), que la transcription offrira des difficultés pratiques d'exécution considérables; car on ne peut transcrire pour les immeubles que ne possède pas encore l'instituant. On répond bien à cette objection en disant que « la trans- »cription du contrat de mariage suffira pour tous les im- »meubles présents et à venir du donateur contractuel qui »seront situés dans l'arrondissement où la formalité a eu »lieu, de même qu'une seule inscription suffit pour les

» hypothèques générales, sans que l'on soit tenu de la re-
» nouveler lors de chaque acquisition dans le même arron-
» dissement. »

M. Verdier a pu répondre avec juste raison qu'il y aurait
beaucoup à dire sur une pareille assimilation. La transcription ne doit donc être requise que pour les biens possédés
par l'instituant lors de la donation : quant à ceux qu'il
acquerra par la suite, l'institué pouvant ignorer que le
donateur les a acquis, ne pourrait, selon nous, être rendu
responsable du défaut de transcription et ne saurait se le
voir opposer par un second donataire.

III. En exigeant la formalité de la transcription pour
l'institution contractuelle, nous devons réclamer également
l'accomplissement de cette formalité pour la donation cumulative de biens présens et à venir de l'art. 1084, C. N. ;
deux raisons nous la font exiger : c'est que d'abord cette
donation n'est autre chose qu'une donation de biens à venir, car ce n'est que par un pis-aller qu'elle est convertie
en une donation de biens présents ; ensuite, nous devons
toujours exiger la transcription pour les biens présens,
puisque, à la mort du donateur, le donataire a le droit
de s'en tenir à ces biens présents.

IV. Les donations faites sous conditions potestatives, et
dans les termes de l'art. 1086, C. N., étant des donations
de biens à venir, nous exigeons la formalité de la transcription.

CHAPITRE VI.

DES DROITS D'ENREGISTREMENT DUS PAR RAPPORT A CES DONATIONS.

Nous avons pensé qu'il n'était pas inutile de placer dans un chapitre distinct les principes que l'on doit admettre relativement aux droits à percevoir par l'Administration des des Domaines, lors de l'enregistrement du contrat de mariage, sur les donations qui y sont renfermées.

I. Toute donation de biens présents faite dans le contrat de mariage est passible d'un droit proportionnel de mutation. Si le donateur avait imposé une charge au donataire, on n'en défalquerait pas le montant sur la valeur donnée; car, quelque importante que soit la charge imposée à l'objet donné, la donation n'en continue pas moins d'être gratuite et ne saurait être assimilée à aucun contrat à titre onéreux : le donateur transmet, en réalité, la chose entière; il en retient fictivement une partie qui consiste dans la charge. (Sic. Championnière et Rigaud, D^{re} de l'Enreg., p. 187.)

Le droit proportionnel doit être également perçu sur la donation d'une somme payable au décès du donateur : on ne saurait voir là une institution contractuelle : le donataire a un droit acquis, il peut le céder, faire à son égard des actes conservatoires : il en serait autrement de la donation d'une somme à prendre sur les plus clairs deniers de la succession : pour cette donation, le droit fixe de cinq francs serait seul dû (V. en ce sens Cas. 8 juillet 1822. — 3 Mars 1825, Demante, Traité de l'Enregistr. : notre ch. 1 et Cas. 4 février 1867. *Journal du Palais*, 1867, p. 533).

La loi du 18 mai 1850, soumet au droit de donation les actes renfermant la déclaration d'un don manuel (1) : mais rien ne peut suppléer à cette déclaration : s'il s'agit, au contraire, d'une convention contenue dans le contrat, telle qu'une obligation, une quittance, déguisant une donation, l'administration peut interpréter, d'après les circonstances et les présomptions, la volonté des parties et percevoir le droit de donation, si l'intention de faire une libéralité résulte des faits de la cause.

Il ne saurait être permis à l'administration de rechercher si la clause par laquelle des futurs époux se constituent une valeur provenant de leurs gains et économies, ne cache pas une donation déguisée : néanmoins, c'est une question fort controversée : certains tribunaux donnent à la régie le droit de se prévaloir de toutes les présomptions qui peuvent aider à faire restituer au prétendu apport son véritable caractère, celui de donation : d'autres, au contraire, défendent que nul n'est tenu de déclarer un don manuel et qu'on ne peut supposer une intention que les termes de l'acte démentent : ils ajoutent que l'on n'a point entendu, en 1850, soumettre à un droit proportionnel tous les dons manuels; que s'il en était autrement, la paix des familles pourrait être à chaque instant troublée par des recherches et des investigations vexatoires et odieuses, et que c'est au surplus, ce qui résulte de la discussion qui a eu lieu à l'assemblée lé-

(1) Le don manuel déclaré ou constaté dans un contrat de mariage, quoique antérieur au contrat de mariage et n'ayant pas été fait en vue du mariage, jouit de la réduction du droit. — Pratique constante de l'Administration des Domaines.

gislative de la loi précitée et des rapports qui ont été faits lors de la présentation de la loi. Cette dernière solution nous paraît la seule admissible et la seule conforme aux règles qui régissent la perception de l'impôt (1).

La stipulation du droit de retour d'une somme payable au décès et celle d'une somme avec réserve d'usufruit n'empêchent pas la perception du droit proportionnel : ces donations ont un caractère d'actualité indépendamment de toute affectation hypothécaire (2).

Quel droit faudrait-il percevoir si, dans le contrat de mariage le donateur donnait le choix au donataire de prendre soit une valeur mobilière, soit un immeuble? Je n'hésite pas à décider que le droit serait dû qui serait le plus fort, car le dépouillement du donateur est immédiat : il est affecté d'une condition potestative seulement, et le Trésor n'est pas obligé de surveiller la réalisation de cette condition potestative : mais il en serait autrement si le choix ne devait appartenir au donataire qu'après le décès du donateur.

Les droits de mutation sur les donations de biens présents faites par contrat de mariage sont fixés ainsi qu'il suit : leur quotité varie avec le degré de parenté dans lequel se trouvent vis-à-vis l'un de l'autre le disposant et le futur époux.

En ligne directe.	Meubles........	1 : 25 %
	Immeubles......	2 : 75 %
En ligne collatérale.	2e et 3e degré....	4 : 50 %
Meubles et immeubles.	4e degré........	5 : » %
	du 5e au 12e degré	5 : 50 %
	Entre étrangers..	6 : » %

Les droits de mutation sur les donations faites par contrat de mariage sont moins élevés que ceux établis sur les

(1) *Sic.* Jug. du trib. de Châtillon, 12 juill. 1858. — *Contrà*, Argentan, 30 déc. 1858.

(2) Tulle, 8 mars 1852.

libéralités qui se produisent hors contrat de mariage : aussi, faut-il décider que l'on ne doit pas faire profiter de la réduction les donations qui auraient lieu postérieurement au mariage, quoique faites en sa faveur : et l'on va même jusqu'à admettre que, bien qu'une donation de biens présents faite en dehors du contrat de mariage, mais en vue du futur établissement, soit considérée par la loi civile comme une libéralité jouissant de tous les avantages attachés aux donations qui se font aux futurs époux, néanmoins une donation, quoique faite en faveur du mariage, mais hors contrat de mariage, ne saurait bénéficier de la réduction du tarif attachée à celles qui se produisent dans la charte matrimoniale (1).

Enfin, ajoutons que le droit de mutation se perçoit pour les valeurs mobilières, sur l'estimation donnée soit aux meubles, soit aux créances : et que, pour les immeubles, le notaire doit donner dans l'acte le revenu brut annuel des biens fonds donnés et que c'est sur ce revenu multiplié par vingt quand la toute propriété a été transmise, et sur ce revenu multiplié par dix quand il n'y a eu qu'abandon de l'usufruit, que le droit proportionnel doit être perçu.

Notons également un arrêt qui vient de décider que lors de la présentation à la transcription au bureau des hypothèques d'un acte contenant donation d'immeubles faite sous la condition suspensive de la survie du donataire et lors de l'enregistrement duquel il n'a été payé dès lors qu'un droit fixe, le conservateur doit percevoir immédiatement le droit de 1 fr. 50 % sur la valeur des biens sans attendre la réalisation de la condition suspensive (2). En effet : « si le droit proportionnel d'enregistrement, comme » dit la Cour Suprême, repose sur le fait d'une transmis-

(1) Cas. 30 janvier 1839. — Délib. de l'Ad. Centrale du 15 mars 1856,

(2) Cas. 5 nov. 1867. *Journal de l'Enreg.*, n° 2508. — Il existe, en effet, en matière fiscale, deux droits de transcriptions distincts l'un de

» sion actuelle de propriété et est conséquemment suspendu
» jusqu'à l'événement de cette transmission, le droit pro-
» portionnel de transcription est le prix d'une formalité et
» par conséquent exigible au moment où cette formalité
» s'accomplit, hors les cas où il a été perçu auparavant. »

II. *Donations de biens à venir.* — L'institution contractuelle ne transmettant aucun droit certain, le *quantum* en
étant indéterminé, le donataire ayant le droit d'y renoncer
et l'effet de la donation pouvant ne pas se produire si
l'époux et ses enfants viennent à décéder avant l'instituant,
aucun droit proportionnel ne peut être perçu : la propor-
tionnalité du droit de mutation entre-vifs et son exigibilité
se lient intimement avec la transmission d'un droit actuel
et irrévocable. Or, dans l'institution contractuelle, il n'y a
pas déplacement de propriété : on perçoit seulement un
droit fixe (1). A la mort de l'instituant, le droit de mutation par décès sera dû : l'on ne s'attache pas ici, pour la
perception de l'impôt, à la cause du droit, mais à l'événement qui donne ouverture au droit du donataire : cet événement est la succession, c'est donc le droit de mutation
par décès qui est dû, et ce droit est parfois plus élevé que
celui qui serait dû si la donation avait été faite de biens
présents. Voici les droits. — Ligne directe, meubles et
immeubles 1 %. — Ligne collatérale, meubles et immeubles, 6 50 %; 7 %; 8 % (suivant les degrés); entre
étrangers, 9 % (2). M. Championnière (*Dict.*, pag. 453)

l'autre, dont la perception de l'un empêche celle de l'autre : dont l'un
est obligatoire quand il y a transmission de propriété, l'autre facultatif
et peut être perçu bien qu'il n'y ait pas transmission irrévocable, car il
doit être perçu par cela seul que la formalité de la transcription peut être
utile à la partie qui fait transcrire.

(1) L. du 22 frim. an VII, art. 6, 7, 8, § 3, n° 5. — L. de 1816,
art. 45, n° 4.

(2) Demante, Tr. de l'Enregistrement, n° 607.

s'exprime ainsi : « Lorsque la libéralité est une institution
» contractuelle, l'événement de la survie lui donne l'exis-
» tence et ne produit pas d'effet rétroactif, en sorte que la
» mutation s'opère par décès et donne ouverture au droit
» de cette espèce. »

Je déciderais que la promesse d'égalité (Voy. chap. 2,
ci-des.) n'est pas même soumise à un droit fixe : car elle
n'implique aucun avantage; aucune libéralité n'est faite
aux futurs époux : ceux-ci n'obtiendront rien de plus que
si on n'avait pas inséré cette disposition ; néanmoins , la
pratique est contraire.

Il a été décidé que les actes par lesquels les parties
constatent leur projet de mariage et se font une donation
de biens à venir, ne sont pas des contrats de mariage et
ne sont soumis à aucun droit fixe pour cette donation.
Cette conséquence s'évince du principe ci-dessus posé, à
savoir qu'une institution contractuelle ne peut être faite
que par contrat de mariage.

III. — *Donations cumulatives de biens présents et à venir.* — La donation cumulative n'est qu'une véritable donation de biens à venir avec faculté pour le donataire de
s'en tenir aux biens présents; quand elle est faite purement et simplement, le droit fixe de 5 francs seul est dû :
pendant longtemps, l'Administration des Domaines perce-
vait un droit proportionnel sur les biens présents, mais
c'était aller contre le véritable caractère de la donation :
aussi maintenant ne le perçoit-on plus, à moins bien entendu que le contrat de mariage ne contienne deux donations distinctes, l'une de biens présents (1081), l'autre
de biens à venir, ou que l'instituant ait mis le donataire
en jouissance des biens présents, cas auquel le droit proportionnel serait perçu au denier dix : cette donation se
gouvernerait alors comme une donation d'*usufruit*, avec

réserve par le donateur de la nue-propriété. M. Demante, prétend (1) au contraire, que le droit proportionnel serait dû sur la toute propriété, s'il était dit que le donataire entre en jouissance des biens : je ne saurais admettre son opinion ; puisque la déclaration de mise en jouissance des biens présents ne change rien au caractère principal de la donation, qu'elle ne la transforme pas en une donation de biens présents, elle reste toujours une donation éventuelle et ne saurait comporter l'application du droit proportionnel sur la toute propriété des biens donnés. Si l'institué accepte la succession, le droit proportionnel de mutation par décès sera dû : s'il opte pour les biens présents, le droit de mutation par décès sera perçu sur le capital calculé au denier vingt du revenu brut de ces biens; on ne considère pas, comme on le voit, pour la perception du droit, la cause qui y a donné lieu, mais bien l'événement qui a donné occasion à ce droit déjà né de se produire.

IV. — *Donations faites sous conditions potestatives.* — Ces donations sont de véritables institutions contractuelles, puisqu'il est au pouvoir du donateur de les réduire à néant en faisant les dettes ou charges, en disposant de l'objet ou de la somme qu'il s'est réservés : je n'admettrais donc pas que le droit proportionnel fût dû : de semblables donations n'ont pas, en effet, le caractère de donations de biens présents, puisqu'elles ne passent pas à tous les héritiers du donataire (1089, Cod. Nap.); aussi faut-il décider avec M. Championnière, *Dict.*, p. 458, que la donation qualifiée entre-vifs, résiste à cette qualification, lorsque la somme est à prendre sur la succession d'une personne vivante ou avec faculté réservée au donateur de réduire ou de révoquer la donation ou à la charge de payer la totalité des dettes qu'il laissera à son décès.

(1) Traité de l'Enregistrement, n° 613.

POSITIONS.

Droit Romain.

I

La loi 1. D. *de usu et usufructu legato* prévoit le legs de l'usufruit d'une servitude à constituer et non celui d'une servitude déjà établie.

II

En cas de dépôts faits par diverses personnes qui ne peuvent reconnaître les écus qu'elles ont ainsi placés chez un banquier qui a fait faillite, elles concourent entre elles, sauf à elles à se faire payer concurremment leur reliquat sur les autres biens du banquier, après le désintéressement des créanciers privilégiés. (L. 24. § 2. *de rebus auctoritate judicis possidendis*. L. 8. h. t.) L. 7. §§ 2. 3. D. *Depositi*,

III

La chose jugée détruit l'obligation naturelle.

IV

Le sens du § 20. Inst, 4° livre est celui-ci : Certaines actions ont une nature mixte, en ce sens que quoique leur *intentio* soit conçue *in personam*, elles conduisent au même résultat que l'action *in rem*, c'est-à-dire à une déclaration de propriété au profit du demandeur.

V

L'obligation naturelle ne peut venir en compensation que tout autant que cette compensation rentre dans le droit de rétention,

Code Napoléon.

I

Est applicable aux enfants naturels, comme aux enfants légitimes, l'article 1048. C. N. qui permet aux pères et mères de leur donner les biens dont ils ont la faculté de disposer, avec la charge de rendre ces biens aux enfants nés ou à naître, au premier degré seulement.

II

L'interdit ne peut se marier dans un intervalle lucide.

III

La séparation des patrimoines ne constitue pas un privilège.

IV

La rescision pour lésion de plus des sept douzièmes d'une vente dont le prix consiste dans une rente viagère, peut être prononcée, quand cette rente est inférieure aux intérêts légaux de la somme représentant la valeur de l'immeuble vendu.

V

L'époux qui veut disposer en faveur de son époux ne peut se placer à son gré dans l'article 913 ou 1094 : il ne peut disposer, dans aucun cas, en faveur de son époux, que dans les termes de l'article 1094 ; partant, l'article 917, du Code Napoléon, ne s'applique pas aux donations entre époux.

VI

Une adoption consommée peut être attaquée au fond, après le décès de l'adoptant, par les héritiers de celui-ci, à raison de l'inexistence de la cause qui lui aurait servi de base,

VII

Les cours d'eau non navigables ni flottables font partie du domaine public.

VIII

Les enfants nés d'un commerce incestueux entre personnes telles que beau-frère et belle-sœur pouvant toutefois contracter mariage avec l'autorisation préalable du chef de l'Etat, sont légitimés par le mariage ultérieur de leurs père et mère contracté en vertu des dispenses que ceux-ci ont obtenues.

IX

La convention par laquelle il a été stipulé, que la dot qui devait, d'après le contrat de mariage, être payée immédiatement, ne le serait qu'à la mort des constituants constitue un changement aux conventions matrimoniales interdit par l'article 1395. C. N. et doit être déclarée nulle et de nul effet.

Histoire du Droit.

I

L'article 108 de la coutume de Paris : « *un simple transport ne » saisit point et faut signifier le transport à la partie et bailler co- » pie avant que d'exécuter* » a son origine dans le droit Germanique.

II

Parmi les divers systèmes qui se sont produits sur la nature du droit d'amortissement, il faut adopter celui qui consiste à dire que ce droit se lie à la nature des biens.

10

III

Dans l'ancien droit, le seigneur haut-justicier était propriétaire des petites rivières.

Procédure Civile.

I

La voie de la saisie exécution est ouverte au créancier pour saisir les biens qui sont détenus par un tiers, pourvu que ce tiers ne s'oppose pas à leur enlèvement ou n'élève à leur égard aucun droit de propriété. La voie de la saisie-arrêt n'est pas, dans ce cas, obligatoire.

II

La clause compromissoire ne peut valoir ni comme contrat nommé ni comme contrat innommé.

III

Lorsque les arbitres qui n'ont pu s'accorder se réunissent au tiers arbitre, la décision résultant de cette délibération peut être différente de l'avis de chacun des arbitres.

IV

L'appel du jugement réglant la distribution du prix de vente d'immeubles, au cas où il y a moins de quatre créanciers inscrits doit, à peine de nullité, être signifié à personne ou domicile, selon le droit commun.

Droit Administratif.

I

L'abandon fait à la femme, en payement de ses reprises, d'un immeuble propre au mari, n'est point un partage entre co-propriétaires, soumis seulement au droit fixe, mais une dation en payement passible du droit proportionel de vente.

II

Le droit de préemption que l'article 19 de la loi du 21 Mai 1836 confère aux propriétaires riverains d'un chemin vicinal sur les portions délaissées de ce chemin est absolu, de telle sorte que les riverains peuvent, sauf indemnité à la Commune, prendre directement possession du sol retranché de la voie publique.

Droit Commercial.

I

L'artiste dramatique n'est pas soumis à la juridiction commerciale.

II

La simple substitution de gage faite dans les dix jours qui ont précédé la cessation des payements est valable.

III

En matière d'adjudication des immeubles d'un failli poursuivi par le Syndic, les Créanciers sont représentés par le Syndic : et, le prix des immeubles se trouvant fixé contradictoirement à leur égard, l'accomplissement des formalités de la purge des hypothèques inscrites n'est pas nécessaire.

Droit Criminel.

I

Peut être condamné celui qui s'est rendu coauteur ou complice des personnes que l'article 380 couvre de son immunité.

II

L'action publique n'est pas éteinte par cela seul que la pénalité est épuisée.

III

La récidive pour contravention est encourue, dès que l'on se trouve dans les conditions prévues par l'article 483, C. P. : il n'y a pas à distinguer si la seconde contravention est de la même classe que celle qui a motivé le premier jugement de police.

IV

Un journal français, publié sur le continent, ne peut être cité devant un tribunal de l'Algérie, comme ayant faussement annoncé un crime qui se serait commis sur le territoire de l'Algérie. — Ministère public d'Alger contre le Courrier de Lyon, affaire en instance.

V

La condamnation prononcée contre un Français par un Tribunal étranger ne crée pas l'incapacité électorale créée par le décret organique du 2 Février 1852, article 15.

VI

Les journaux ne peuvent se refuser à faire les insertions qui leur sont présentées, à moins que ces insertions n'exposent le gérant ou autres personnes responsables à des poursuites.

Vu par le Président de l'acte public,

Th. HUC.

Vu par le Doyen,

CHAUVEAU Adolphe.

Vu et permis d'imprimer :

Le Recteur,

ROUSTAN.

« Les visas exigés par les réglements sont une garantie des principes et des opinions relatifs à la religion, à l'ordre public et aux bonnes mœurs (statuts du 9 avril 1825, art. 41), mais non des opinions purement juridiques dont la responsabilité est laissée aux candidats.

« Le candidat répondra en outre aux questions qui lui seront faites sur les autres matières de l'enseignement. »

TABLE DES MATIÈRES.

Toulouse. Impr. DOULADOURE; ROUGET FRÈRES ET DELAHAUT, succ", rue St-Romé, 39.

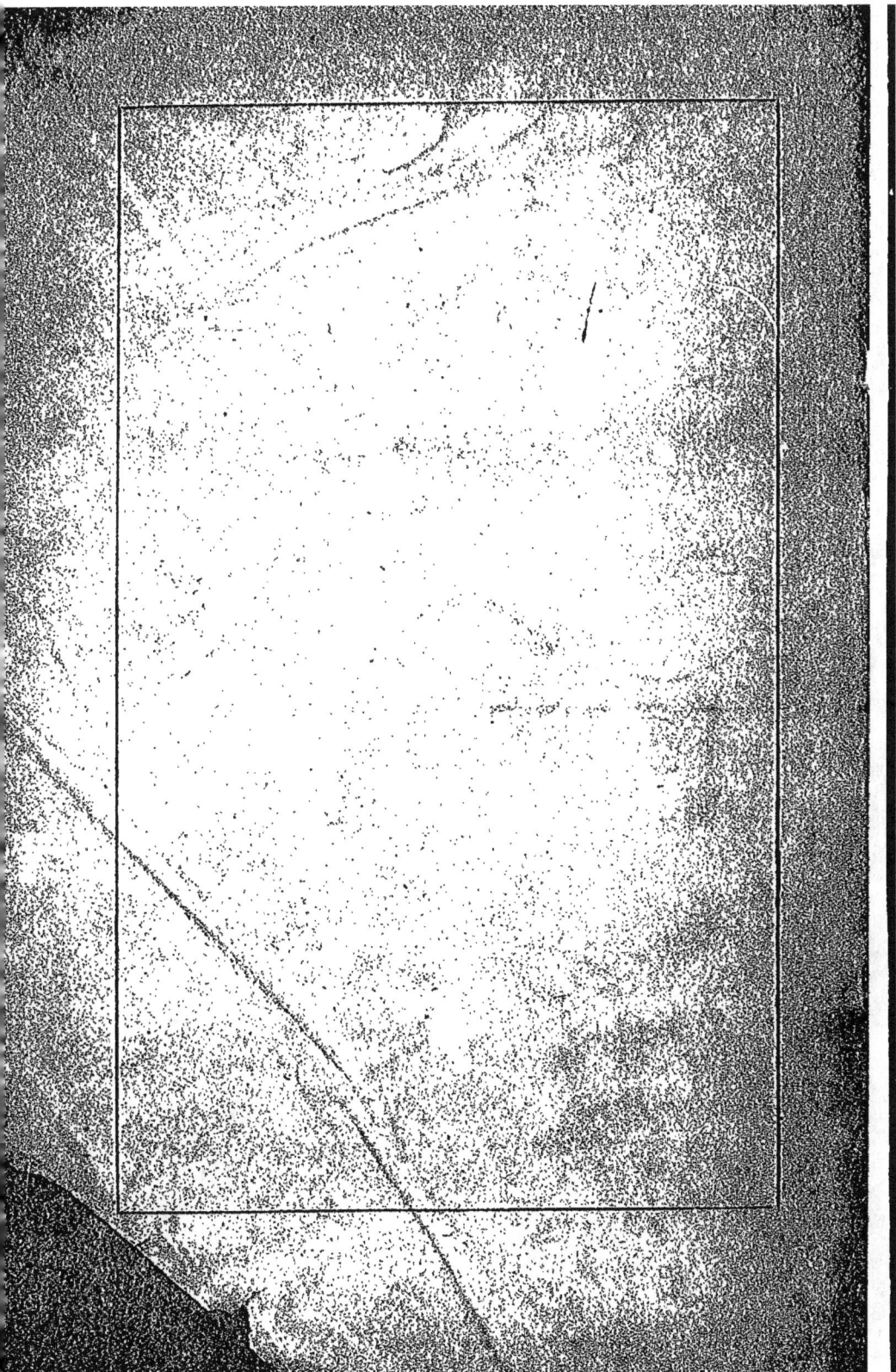

www.ingramcontent.com/pod-product-compliance
Lightning Source LLC
Chambersburg PA
CBHW071838200326

41519CB00016B/4155